中國歷代造像藝術集萃 6

閱　是編

浙江人民美術出版社

圖書在版編目（CIP）數據

中國歷代造像藝術集萃 6 / 閱是編. -- 杭州 ：
浙江人民美術出版社，2018.4
ISBN 978-7-5340-6582-8

Ⅰ. ①中… Ⅱ. ①閱… Ⅲ. ①造像－中國－畫册
Ⅳ. ①K879.32

中國版本圖書館CIP數據核字(2018)第048426號

中國歷代造像藝術集萃 6
閱　是　編

責任編輯　楊　晶
文字編輯　張金輝　羅仕通　傅笛揚
裝幀設計　陸豐川
責任印製　陳柏榮

出版發行　浙江人民美術出版社
（杭州市體育場路 347 號）
網　　址　http://mss.zjcb.com
經　　銷　全國各地新華書店
製　　版　浙江雅昌文化發展有限公司
印　　刷　上海雅昌藝術印刷有限公司
版　　次　2018 年 4 月第 1 版・第 1 次印刷
開　　本　889mm×1194mm 1/16
印　　張　14
書　　號　ISBN 978-7-5340-6582-8
定　　價　375.00 圓

前　言

“美成在久”，語出《莊子·人間世》。但凡美好之物，都需經日月流光打磨，才能日臻至善。一蹴而就者，哪能經得起歲月的考驗？真正的美善，一定是“用時間來打磨時間的產物”——卓越的藝術品即如此，有社會責任感的藝術拍賣亦如此。

西泠印社的文脈已延綿百年，西泠拍賣自成立至今，始終以學術指導拍賣，從藝術的廣度與深度出發，守護傳統，傳承文明，創新門類。每一年，我們秉持著“誠信、創新、堅持”的宗旨，徵集海內外的藝術精品，通過各地的免費鑒定與巡展、預展拍賣、公益講堂等形式，倡導“藝術融入生活”的理念，使更多人參與到藝術收藏拍賣中來。

回望藝術發展的長河，如果沒有那些大藏家、藝術商的梳理和遞藏，現在我們就很難去研究當時的藝術脈絡，很難去探尋當時的社會文化風貌。今時今日，我們所做的藝術拍賣，不僅著眼于藝術市場與藝術研究的聯動，更多是對文化與藝術的傳播和普及。

進入大眾的視野，提升其文化修養與生活品味，藝術所承載的傳統與文明才能真正達到“美成在久”——我們出版整套西泠印社拍賣會圖錄的想法正源於此。上千件躍然紙上的藝術品，涵括了中國書畫、名人手跡、古籍善本、篆刻印石、歷代名硯、文房古玩、庭院石雕、紫砂藝術、中國歷代錢幣、油畫雕塑、漫畫插圖、陳年名酒、當代玉雕等各個藝術門類，蘊含了民族的優秀傳統與文化，雅致且具有靈魂，有時間細細品味，與它們對話，會給人以超越時空的智慧。

現在，就讓我們隨著墨香沁人的書頁，開啟一場博物藝文之旅。

目 録
CONTENTS

1055 十八世紀・銅鎏金綠度母像

18TH CENTURY A GILT-BRONZE STATUE OF GREEN TARA

高：11cm

RMB: 20,000—30,000

綠度母頭戴寶冠，相容和煦，上軀袒露，胸前及腰間飾瓔珞，下着綢裙，肢體豐滿圓渾，體態婀娜。右手施與願印，左手當胸結説法印。左腿單盤，右腿向下舒展，踏一莖仰蓮，半跏趺舒坐於蓮花座上。綠度母身側各升起一朵蓮花，在肩頭綻放，令造像更加華麗典雅。手、臂皆飾釧環，胸、臂及頭部皆有寶石鑲嵌，下身着長裙，衣薄貼身，小腿纏連珠。蓮臺爲束腰仰覆蓮座，蓮瓣上下各式蓮珠一周，工藝細膩精美。

1056 十五世紀・銅鎏金文殊菩薩像

15TH CENTURY A GILT-BRONZE STATUE OF MANJUSRI

高：13.5cm

RMB: 20,000—30,000

文殊菩薩，或稱文殊室利，是佛教智慧的象徵，還被看做是佛教智慧的保護神，其兩肩分別置智慧劍和經書爲其重要標志。此尊文殊菩薩，系紅銅鎏金，置於覺沃佛左側，頭戴五葉冠，中央冠葉稍寬。髮髻高挽，髮辮自然垂肩，臉部圓潤飽滿，眼向下俯視，鼻梁細直，面容含蓄莊重，耳戴耳鐺，胸前戴項飾多鑲嵌，臂釧靠下，戴手鐲腳鐲等配飾，菩薩上身赤裸，下着貼身長裙，衣紋等寬而緊細。雙手於胸前施轉法輪印，右手牽花枝，蓮花於右肩綻放上置寶劍，左手同牽花枝，左肩綻放上置經書。像下爲一雙層仰覆蓮蓮座，蓮瓣上下對稱，塑造立體。此尊造像突出表現菩薩身姿柔美的特點，面容含蓄年輕，充滿活力，多裝飾且裝飾華麗。

1057　十六世紀・尼泊爾銅鎏金不空羂索觀音站像

16TH CENTURY　A NEPALESE GILT-BRONZE STATUE OF AVALOKITESVARA

Provenance: Lot 241, Sotheby's Paris, December 18, 2009

高：18cm

RMB: 50,000—70,000

觀音一面六臂，身體站姿微呈三折式，左三手分別持棍棒、經書、稻穗；右三手分別持念珠、施無畏印和與願引，每衹手臂均飾手鐲、釧環。面相豐潤，微含笑意，神態慈祥柔和。頭戴寶冠，肉髻高聳，耳璫垂肩。上身袒露，胸前挂項圈瓔珞，下身着長裙，輕薄貼身，束腰繒帶自然垂於身體兩側，流暢自然，整體比例和諧，肌膚富有柔和青春的氣息，具有典型的尼泊爾造像藝術風格。『不空羂索』是象徵觀世音菩薩以慈悲的羂索救度化導衆生，其心願不會落空。依照《不空羂索神變真言經》所述，在過去第九十二劫最後劫，觀世音菩薩曾受世間自在王如來的傳授，學得不空羂索王母陀羅尼。并於初得此陀羅尼時，即證得十百千不空無惑智莊嚴首三摩地門，由此真言之力，現見十方無量無數種種剎土諸佛如來所有會衆，而皆供養聽聞深法，輾轉教化無量友情，皆得髮趣無上菩提。此後觀世音菩薩以該真言教法，現示現化身時，便稱爲不空羂索觀音菩薩。

來源：巴黎蘇富比拍賣，2009年12月18日，第241號。

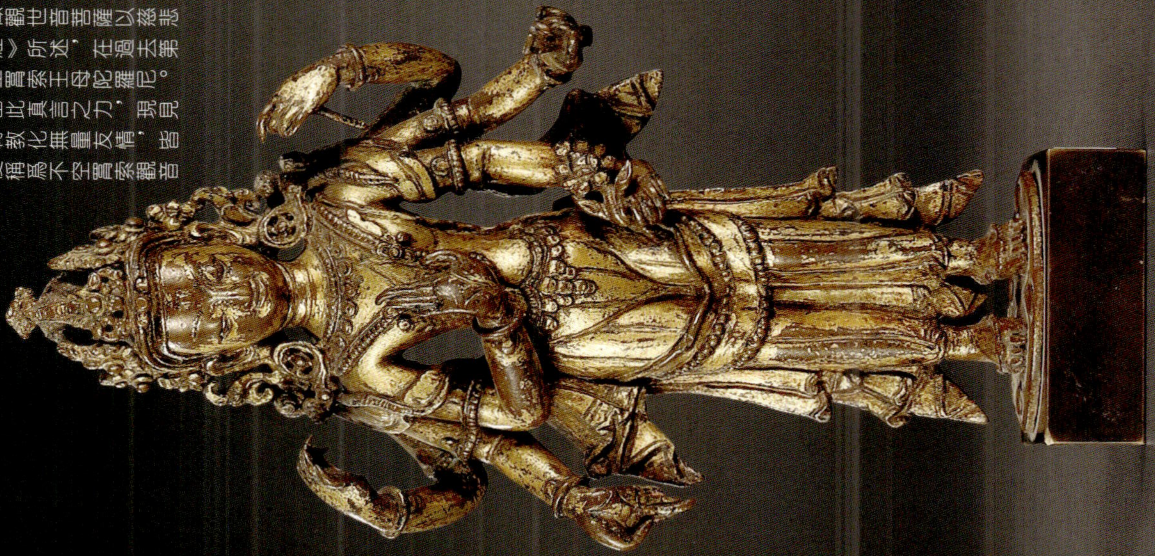

1058 十三世紀·銅鎏金蓮花手菩薩立像

13TH CENTURY A GILT-BRONZE STATUE OF BUDDHA

高：14.5cm

RMB: 無底價

此件蓮花手觀音站像，采用典型的尼泊爾紅銅合金鑄造而成，頭頂三葉寶冠，髮髻保留了尼泊爾受印度造像影響而產生的綳結波浪盤頭，頭頂寶珠，開臉爲傳統的尼泊爾式開臉，初月眉，雙眼微垂，擴鼻小嘴，臉部輪廓飽滿，極其符合觀音慈善懷救之相，雙耳以大環型耳環爲裝飾，兩側黑髮垂肩，胸前飾以多寶項鏈，雙手自然下垂，左手持以盛放蓮花，右手施予願印，雙臂渾圓結實，肌肉感盡顯，臂釧、瓔珞、腰帶均以寶石鑲嵌予以裝飾，以展現其級別與華麗，裙擺飾帶自腰而下，層層叠叠隨風而擺，自然靈動，雙腿微分，左腿略向前微曲，讓其更加寫實隨意，作品整體按照傳統的三折枝比例而鑄，渾然一體，靈動自然。

1059 十二／十三世紀・銅無量壽佛

12TH-13TH CENTURY A BRONZE STATUE OF AMITABHA

高：24cm

RMB: 100,000—120,000

無量壽佛代表壽命的延長，因此無論在宮廷或是民間，一直都廣受推崇。在圖像上，一般以其手中所持甘露瓶爲標識。此尊無量壽佛着菩薩裝，頭戴三葉冠，冠葉較寬，頭冠下緣以陰刻格狀圖案做裝飾，手法稚拙。面龐方正，戴圓形耳璫。雙目細長，嘴唇較厚，耳後頭髮貼於雙肩，卷曲狀。坐姿挺拔，身體較單薄，繒帶繞於身後，呈弧形，雙手結禪定印。全跏趺坐於仰覆蓮座上，蓮瓣上下一一對應，工藝樸拙，且僅存於正面及側面。

1060 清・木胎觀音立像

QING DYNASTY A WOOD STATUE OF AVALOKITESVARA

高：51cm

RMB: 80,000—90,000

此尊觀音側身玉立，髮挽高髻，系寶繒，風帽遮頭。面龐圓潤，兩頰豐滿，微合雙目，面露笑意，有慈悲敬穆之態。身着高腰長裙，衣紋流暢飄逸，隨風飄動，有『吳帶當風』之感。雙手持一如意，跣足而立。觀音造型優美，面容動人，裝飾華麗，雕刻準確細膩，神祇高貴、垂佑衆生的氣質被充分表現出來。周身漆雕花卉紋工藝精湛，漆色光潤，不禁感嘆福建木造像工藝的精湛！

觀音是有佛教信仰的廣大地區最受歡迎的尊神。自元代藏傳佛教深入宮廷，宮中觀音的供奉也隨之而來。因觀音具有使衆生增福延壽的法力，宮內製作和各地進獻數目亦是不可小覷，從檔案資料和現存實物來看，在各地進獻的禮品中，觀音像是必不可少的萬壽節等吉慶日壽禮。

1061 清·玉堂清玩款灑金銅爐

QING DYNASTY A GOLD-SPLASHED BRONZE CENSER WITH 'YU TANG QING WAN' MARK

口径：11.2cm 高：6cm 重：1316g

RMB: 50,000—80,000

銅爐下承三足，腹部渾圓，肩飾雙耳。鑄造規整，胎體厚重。爐身灑滿金片，華麗富貴，古樸典雅。底落『玉堂清玩』篆書款，篆法古樸典雅，刻工流暢。

1062 十七世紀・姜子祥舊藏銅鬲式三足爐

17TH CENTURY A 'LI'-TYPE BRONZE TRIPOD CENSER

Provenance: 1. Previously collected by Jiang Zixiang.
2. Lot 1519, Imporatnt Chinese Works of Art from the Collection of Jiang Family, Beijing Poly Auction, 2007

口径：13cm 高：6cm 重：1114g

RMB: 300,000—400,000

焚香自不離銅爐，宋代金石學的興盛，仿古銅器造型的器物衆多，南宋趙希鵠《洞天清祿集・古鐘鼎彝器辨》：「古以蕭艾達神明而不焚香，故無香爐。今所謂香爐，皆以古人宗廟祭器爲之。」故而所製之銅爐大多猶有三代鼎彝之遺意。除如本品之鬲式爐，尚有樽式爐、鼎式爐、簋式爐等，端儀肅穆又融文人之雅潔。此爐采青銅禮器鬲之形製，幾經改良，合襠爲腹，去耳平光，盤口束頸，爐腹圓鼓，三足鼎立，且重且穩。銅質精純，入手沉墜。通體光素，呈熟梨棠色，飽滿勻亮，蘊涵金星點點，閃爍如黃金般璀璨之光澤，又較之多一分沉着靜穆，令人觀而忘俗。包漿圓融，寶光由内而外，光澤熠熠，撫之則清潤如凝脂。内膛素裹，打磨光滑平整。爐底「宣德年製」篆書四字款，規矩有度，乃與爐身一體失蠟法鑄就，鑄後又精修而成，底平字峻，頗有凌厲之感。

藏者簡介：姜子祥，民國初年即事業成功的上海工商業巨擘，「中華工業廠」和「大中華橡膠廠」的重要股東。那時的江浙財閥多爲儒商，實業之餘，兼爲海上重要收藏家。無論教育背景、生活習慣都是中西合璧的，但唯獨在收藏品味上則依然繼承文人收藏之大雅。北有張伯駒，海上龐虛齋亦是如此，已成爲民國時期特有的文化現象，從他們的藏品便可知曉。北京保利曾於2007年12月2日舉辦「海上沉香-姜子祥舊藏瓷器、宣爐、造像專場」，使海內外藏家得以窺見其收藏及儒雅的品味。

款識：宣德年製款 篆書四字款

來源：海上姜子祥舊藏，北京保利2007年《海上沉香》專場lot 1519，成交價313,600萬元。

參閱：《自珍集---儷松居長物志》，三聯書店，2007年，第16、17頁

1063　清初・銅蚰龍耳爐（帶座）

EARLY QING DYNASTY　A BRONZE CENSER AND STAND

高：15.2cm　重：3850g

RMB: 150,000—200,000

此爐棠梨色皮殼，亮潤質密，器形飽滿，平口外侈，束頸，鼓腹下垂，圈足外撇。蚰龍耳起自頸部，收於腹鼓處，耳腹一體整鑄，曲綫流暢。爐底有減地陽文篆書款：『宣德年製』。剔工幹净利落，地子平整。下承原配束腰三足底座，形製優美，與爐身緊密銜接，渾然一體。蚰龍耳爐乃宣爐中最爲經典之款式。本爐精銅爲材，形製規整，鑄造精細，器壁厚薄均勻，皮色亮麗，可見先天燒造之精良，後天養護之用心，而爐座歷百年而未失，更是珍貴難得。

款識：宣德年製 四字篆書款。

1064 十七世紀・合金銅阿彌陀佛像

17TH CENTURY A COPPER ALLOY STATUE OF AMITAYUS

高：18.5cm

RMB: 80,000—100,000

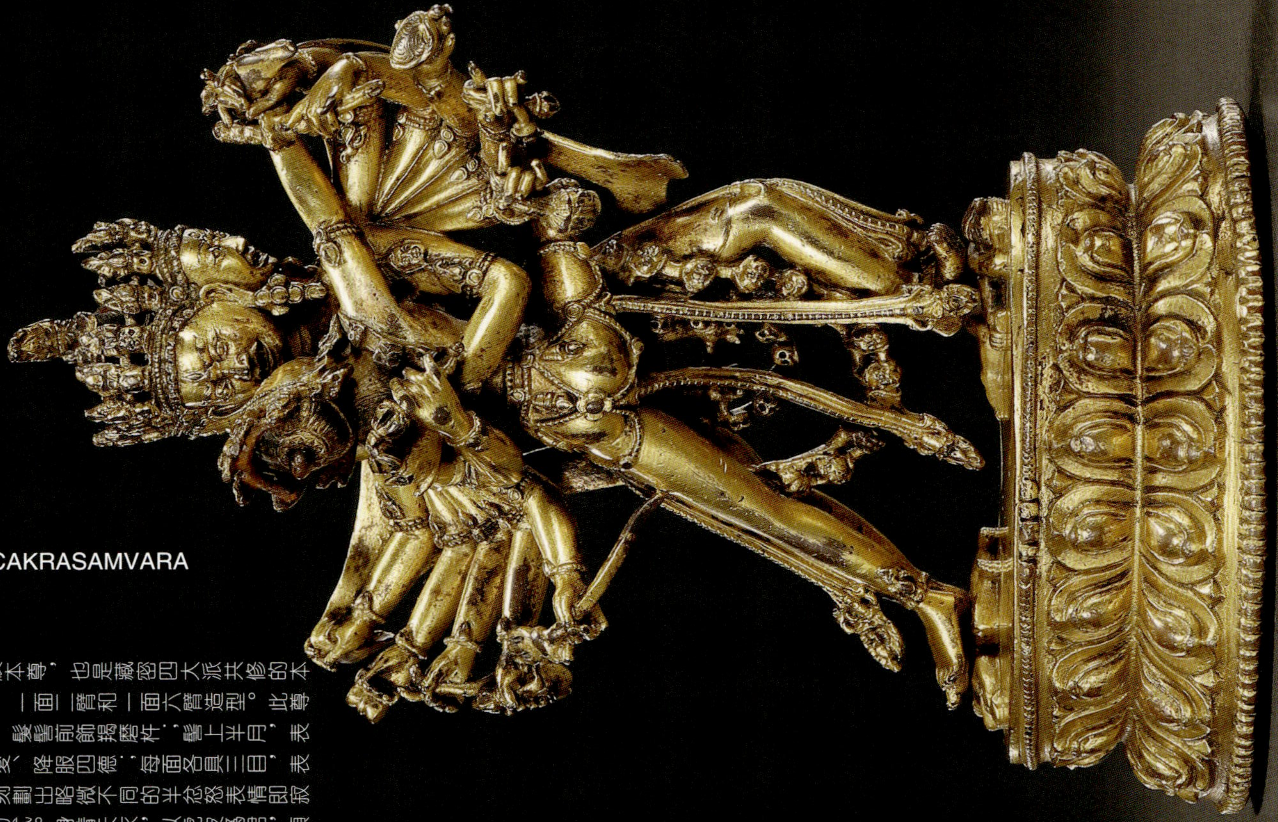

1065 十五世紀·銅鎏金勝樂金剛像

15TH CENTURY A GILT-BRONZE STATUE OF CAKRASAMVARA

高：21.5cm

RMB: 300,000—350,000

亦名上樂金剛、上樂主佛，是藏密中瑜伽部的母續本尊，也是藏密四大派共修的本尊。勝樂金剛共有七十二種身相，常見的有四面十二臂、一面二臂和一面六臂造型。此尊即爲四面十二臂造型，頭戴五顱冠，髻頂由摩尼寶壯嚴，髮髻前飾羯磨杵；髻上半月，表喜樂無盡，并不斷增長。四頭分別代表息災、增益、敬愛、降服四德；每面各具三目，表三世智，能看三界及過去、現在、未來的一切；每一面刻劃出略微不同的半忿怒表情即寂忿相，表示依照瑜伽行者不同的需求而示現不同的證悟方式。身着天衣，以虎皮爲裙，項挂五十骷髏蔓，是象徵五十個梵文字母，同時也表示圓滿具足所有的佛教教理。主臂二手以吽迦羅印，左持鈴，右持杵，擁抱金剛亥母，表示方便、智慧交運。明妃右腿盤繞於主尊腰間，左手捧嘎巴拉碗，左手持鉞刀。勝樂佛父其餘諸手伸向兩側，各持象皮、嘎巴拉碗、斧、鉞刀、三股戟、金剛索及人首等物。右腿直伸，足踏大自在天神；左腿微曲，腳踩大自在天妃的心上，表示降伏忿怒、貪欲、外道及衆生的我執而得成就。二尊皆以五骷髏冠、骨飾、五十幹濕人頭瓔珞作嚴飾，佛父以寂忿相凝視佛母，雙運於鍍銀蓮花日輪座上，表現出和合而無欲的極高境界。此像肢體結構準確，鑄造工藝精湛，堪稱明初藏中地區金銅造像藝術成就的生動寫照。

1066　十四世紀・合金銅釋迦牟尼佛坐像(嵌銀嵌紅銅)

14TH CENTURY A COPPER ALLOY STATUE OF SAKYAMUNI

高：21.2cm

RMB: 300,000—350,000

釋迦牟尼佛，佛教之創始人，本名喬達摩悉達多，被後世尊稱爲佛陀，廣受尊崇，亦是藏傳佛教藝術中最爲常見的題材。釋迦牟尼像全跏趺坐於仰覆蓮座上，佛像頭部肉髻高聳，螺髮表現粗大圓潤，雙目似閉，雙唇微頷，面容寧静，五官刻畫極爲細致靈動，身着袒右袈裟，袈裟覆搭於左肩，釋迦左手掌心向上持禪定印，右手搭於右膝，中指輕觸蓮臺，持觸地印。本尊造像的袈裟衣緣嵌銀嵌紅銅並鏨刻復雜繁密的幾何花紋，精致華美。蓮臺造型優美華貴，蓮臺下緣的連珠紋古樸圓潤，這幾處工藝特徵在早期造像中經常見到，此外蓮瓣形象的塑造十分飽滿，圓鼓有力，尖端翻卷自然靈動，彰顯了蓮瓣盛開的生命力。無論從此尊造像面部形態的成熟表現，亦或蓮座樣式來看，都表現了早期西藏造像的創造力及藝術美感。

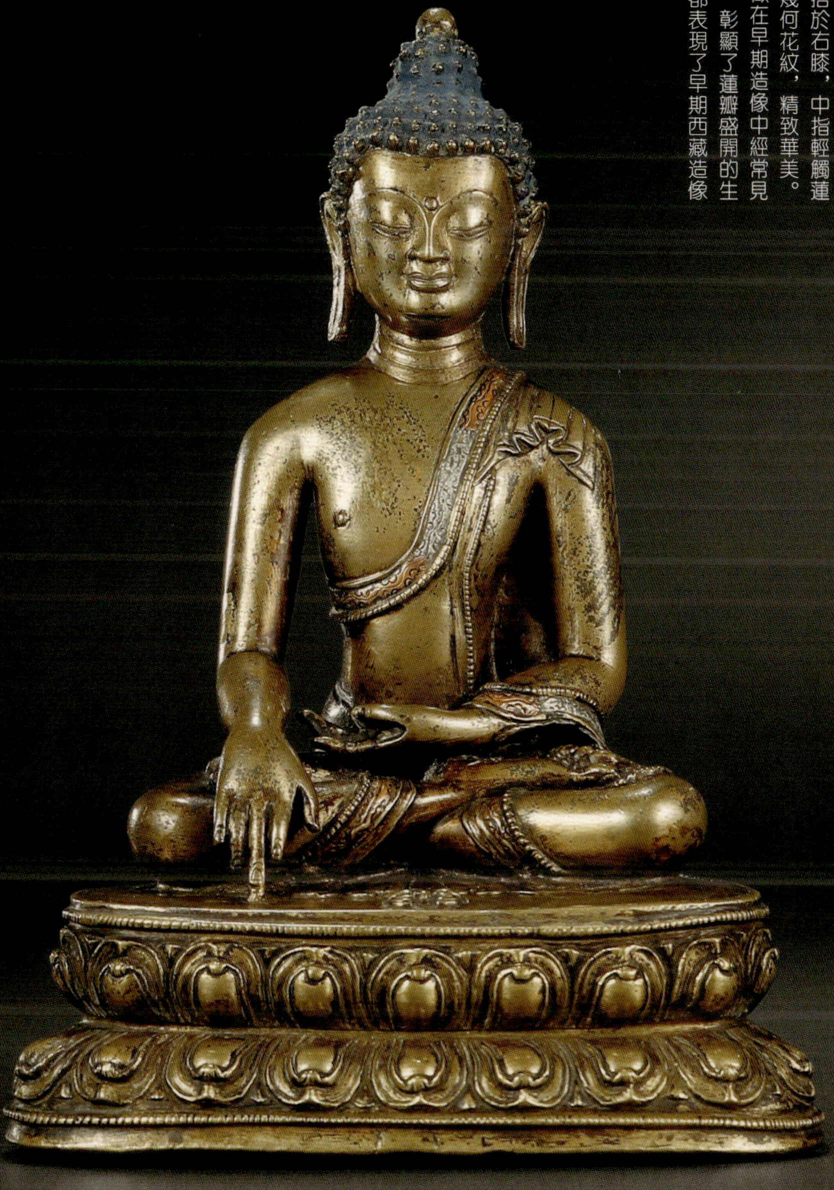

1067 清·銅鎏金宗喀巴

QING DYNASTY A GILT-BRONZE STATUE OF TSONGKHAPA

高：31cm

RMB: 500,000—600,000

宗喀巴（1357-1419），本名羅桑扎巴。三歲時受近事戒，七歲出家，學佛九年，十六歲進藏，經常進行講經活動，早有聲譽。當時，各戒律鬆弛，不得人心，宗喀巴決意進行宗教改革。明洪武二十一年（1388年），他與弟子改戴黃色僧帽，以重視戒律爲號召，被稱爲黃帽派。先後寫出《菩提道次第廣論》、《密宗道次第廣論》，力求糾正各教派流弊。永樂七年初，宗喀巴於拉薩髮起大祈願法會，并於拉薩東北修建甘丹寺，以噶當派教義爲基礎，正式建立格魯派。十二年，明成祖朱棣派人進藏召請宗喀巴進京，他派弟子釋迦也失代替自己前往北京朝貢，在中原傳教。十七年，圓寂於甘丹寺。

宗喀巴在藏傳佛教中地位極高，被信徒視作文殊菩薩的化身，其左右肩蓮花上的經篋與寶劍便是此身份的象徵。此尊宗喀巴面相莊嚴，雙眉細長，雙目微闔。頭戴尖頂通人帽，身着交領式僧衣，外披福田袈裟，是西藏僧人的典型裝束。衣着厚重寫實，富有層次感。宗喀巴雙手持蓮花莖於胸前結說法印，手指刻畫柔軟逼真，軀體端正挺直，結全跏趺坐於華麗的蓮座上，蓮座束腰，仰覆式花瓣飽滿秀長，製作精細。造像衣着滿飾嵌金花紋，華麗尊貴。藝人用精湛的藝術手法完美地再現出了一代宗師飽學多知、偉岸博大的精神氣質。

宗喀巴在信仰藏傳佛教的清宮中，具有十分重要的地位。梵華樓二樓明間北面木雕金漆蟠龍寶座上，供有一尊高達1.25米的木髹漆泥金宗喀巴坐像，是清宮最大的宗喀巴像，造像背後及東、西墻面，還懸挂了宗喀巴傳記故事唐卡，宗喀巴身上的福田袈裟同樣滿飾祥雲紋。

此尊衣着全部以嵌金工藝裝飾是此像的一亮點，精細的花紋使得整像莊嚴華麗。衣邊及領口嵌卷草花卉，袈裟的福田格內以祥雲裝飾，紋飾布局嚴謹，章法有度，細微之處皆用心經營，即使在宮廷造像中，如此不惜工本地滿飾的佛造像亦極爲罕見。

參閱：天津文物2007秋季競賣會，高22cm，成交價人民幣924000元。

天津文物2007秋季競賣會

1068　清·紫檀四臂觀音坐像

QING DYNASTY　A ZITAN STATUE OF FOUR-ARMED AVALOKITESVARA

Provenance: Private European collection.

高：27cm

RMB: 600,000—800,000

四臂觀音又稱『六字觀音』，因爲他的著名真言（咒）『嗡嘛呢叭咪吽』在梵文中是六個音節，故名。他是藏傳佛教大悲觀音的主尊，代表大悲、大智、大力，四臂寓意慈、悲、喜、捨四無量，是密乘行者修心的法門。四臂觀音與文殊菩薩、金剛手菩薩合稱『三部怙主』，也是雪域西藏的守護神。

清代的民間佛像藝術也和清朝政府的統治一樣，在乾隆朝以後，江河日下，乏善可陳。但清朝從康熙年起也效仿明朝的做法，在北京紫禁城内的造辦處監製了許多佛造像，加之康熙皇帝本人也信奉佛教，親自過問佛像的樣式，故而該朝佛像製作精美、細膩，體現了宫廷的審美趣味，在國際上享有極高的聲譽。

此尊觀音擇珍貴紫檀木用料，雕刻的工藝造像更甚罕見，實屬貴氣。觀音結全跏趺坐於蓮花寶座之上。主臂雙手合十。頭戴花冠，神態安詳寧靜。雙肩搭帔帛，胸前飾華麗的瓔珞，手臂、脚踝飾釧環。長裙衣褶自然寫實，富有衣物的柔軟質感。束腰仰覆式蓮花座，上下緣飾有連珠紋，蓮花瓣飽滿工整，瓣尖裝飾卷雲。此像精美大氣，爲康熙時期宫廷造像的精品之作。

來源：歐洲藏家舊藏

1069 清·七彩經書一套

QING DYNASTY A SET OF SUTRA PLATES

45×9cm

RMB: 50,000—80,000

1070　清·銅觀音立像

QING DYNASTY A BRONZE STATUE OF AVALOKITESVARA

Illustrated: *Pureland from Piety: Selection of Chinese Ancient Buddhist Statues*, Zhejiang Museum, 2017

Exhibited: "Pureland from Piety: Selection of Chinese Ancient Buddhist Statues", Gushan Branch, Zhejiang Museum, 2017

高：48cm

RMB: 120,000—150,000

觀音銅製，通體呈褐色，盤髮成髻，髮絲細密舒整，輕披頭巾。眉間白毫，眼瞼低垂，目光下斂，直鼻，小口，面龐豐腴，法相秀美莊嚴。右手輕搭於左手上，跣足站立，神情端莊嫻雅，儼如正在俯看塵世衆生。身着寬袖長袍，胸前橫貫一串連珠式瓔珞，圓肩修身，衣紋簡明豐滿，折迭密集流暢。整器銅質實光内蘊，尊像衣袍及邊沿嵌飾精細銀絲雲朵紋，其卧槽嵌銀絲與銅器表面相平，平滑細膩，工藝深厚，顯得格外典雅。背部嵌銀絲「玉堂石叟」四字篆書款。

出版：《度生出淨世——中國古代造像精品展圖錄》，浙江省博物館，2017年

展覽："度生出淨世——中國古代造像精品展"，浙江省博物館孤山館區，2017年

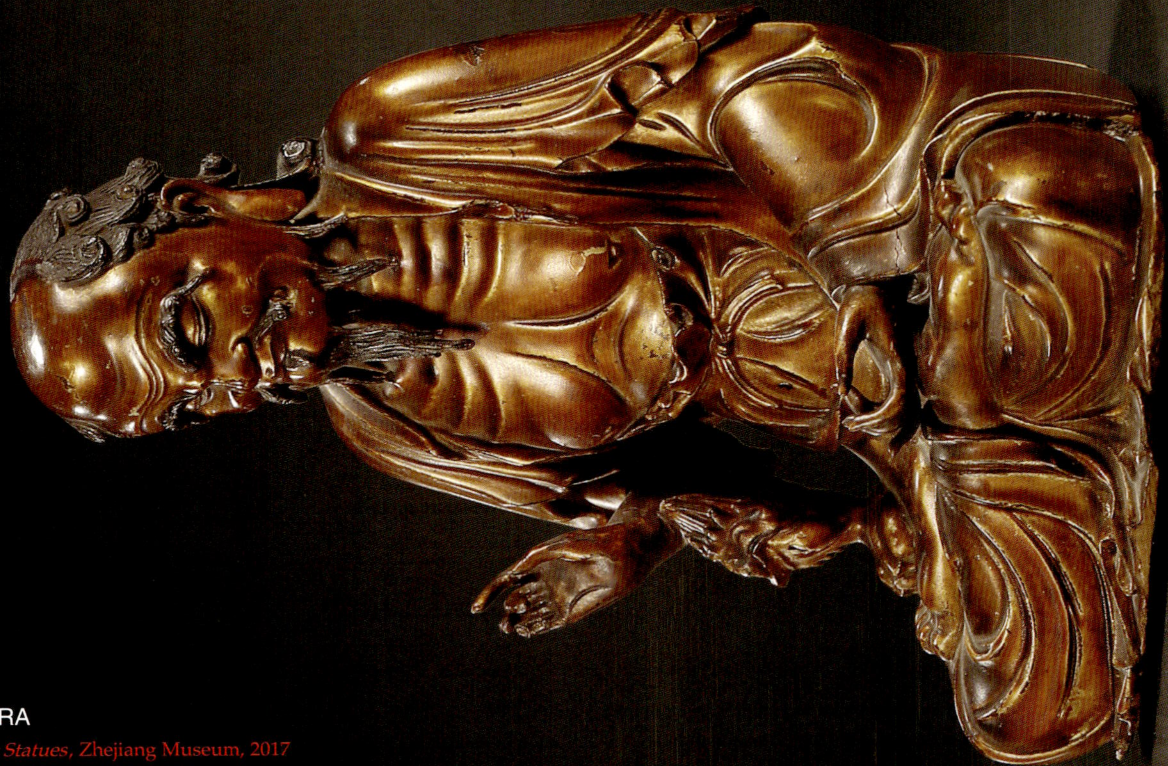

1071　明・木胎男相觀音

MING DYNASTY A WOOD STATUE OF AVALOKITESVARA

Illustrated: *Pureland from Piety: Selection of Chinese Ancient Buddhist Statues*, Zhejiang Museum, 2017

Exhibited: 'Pureland from Piety: Selection of Chinese Ancient Buddhist Statues', Gushan Branch, Zhejiang Museum, 2017

高：21cm

RMB: 200,000－250,000

在中原佛教造像中，宋元時期觀音造像多爲男性面孔，觀音造像不是俊美的美男子形象就是女性形象，留有長髯的男性形象極爲少見。

此尊造像即爲留有長髯的男相觀音，其面相肅穆端莊，上額圓潤飽滿，頭上髯發雕刻細致至極，有種自然山石層巒叠嶂的美感，長眉似彎月，雙目微閉細長，數縷皺紋猶如静湖初起的漣漪，綿綿不斷，感覺像智慧的符號在菩薩額上舞動。鼻梁高挺，鏤空雕刻的垂胸長髯綫條流暢且層次感及强，神情恬然。着通肩式菩薩裝大衣，衣紋褶皺垂拂流轉，層巒起伏，貼身絲綢質感刻畫生動寫實。此觀音爲説法狀，左手自然垂于腿上，右手肘部輕倚平幾施説法印，形象穩重端正，平幾上瑞獸雕刻更是精美細致，栩栩如生，造像全身無一處不精雕細琢，追求極致，渾身上下散發貴族氣息，具有明顯的明代中晚期京工造像特點，爲京工風格造像中的上品，再之此類題材造像存世尤爲罕見，實屬難得。

出版：《虔生出净世——中國古代漢傳佛教造像精萃》，浙江省博物館，2017年。

展覽：「虔生出净世——中國古代漢傳佛教造像精萃」展，浙江省博物館孤山館區，2017年。

1072 十八世紀·銅金剛手菩薩

18TH CENTURY A GOLD AND SILVER-INLAID BRONZE STATUE OF BUDDHA

高：25.2cm

RMB: 100,000—120,000

蓮花手菩薩是觀世音菩薩衆多化身之一，因手持蓮花二得名。觀音菩薩，又稱觀世音、觀自在、觀世自在等，中國佛教崇奉的四大菩薩之一。觀音與大勢至菩薩同爲西方極樂世界阿彌陀佛的脅持，被稱爲『西方三聖』。觀音菩薩可示現三十二種應化身形，救民於難。

雙足站立於蓮花寶座之上。左手握一蓮莖，頭戴三葉花冠，肉髻高聳，面相方圓，眉眼細長，神態沉靜。耳垂環珰，束髮垂肩。身體呈三折枝式立姿，軀體比例均稱，造型優美。上身袒露，頸挂項圈瓔珞，，腰系珠寶腰帶，下身着長裙，輕薄貼身。四肢皆有釧飾。火焰狀邊緣舟形大背光，製作精致。圓形仰覆式蓮花座，蓮花瓣製作精致，背光、蓮花座都具有典型的清早期雪堆白仿古造像的風格特徵。

舟型背光後面寫有『東二』兩字

蓮瓣座裏面寫有『右手持金剛菩薩』此稱謂大多出現在清宮廷造辦處

1073　明・銅鎏金釋迦牟尼坐像連座

MING DYNASTY A GILT-BRONZE STATUE OF SAKYAMUNI AND BASE

Illustrated: *Pureland from Piety: Selection of Chinese Ancient Buddhist Statues*, Zhejiang Museum, 2017

Exhibited: 'Pureland from Piety: Selection of Chinese Ancient Buddhist Statues', Gushan Branch, Zhejiang Museum, 2017

高：53cm

RMB: 1,200,000—1,500,000

此尊銅鎏金迦牟尼佛坐像爲一尊典型的明代中原銅佛造像，高53厘米，尺寸巨大，氣勢撼人。釋迦牟尼結全跏趺端坐，左手結禪定印，右手施觸地印，是釋迦牟尼經過六年苦修，在菩提樹下成道的標準成道像。其頭飾螺發，排列密集，發正中有碩大的髻珠，是宋元以來中原漢傳佛教常見的裝飾形式。面相方圓端莊，眉間白毫，鼻梁挺拔，眼瞼低垂，目光下斂，以俯視衆生，神態慈祥柔和，具有典型的明代漢地造像面相特徵。袒露前胸，上着雙領式通肩式大衣，下身着高束腰僧裙，腰間束帶并打結，頗具裝飾意味。衣緣處鏨刻精美的纏枝蓮花，紋樣清晰精美，顯示出當時匠人運用高超的寫實技法。衣褶布排有序，衣紋流暢自如，厚重寫實，極富質感，繼承了漢地造像注重衣褶刻劃的傳統。高大蓮臺，多層仰式蓮花瓣，瓣葉飽滿規整，挺拔有力，時代特徵明顯。

中國造像藝術的最高境界不僅在于形態，更在于神態。此尊釋迦牟尼造像雙目垂附，嘴露笑意，充分表現出釋迦牟尼佛悲憫衆生，博大雍容的氣度和胸襟，能讓觀者體會到一種沉静、坦然之感。整件造像體量碩大，形體飽滿，比例勻稱，氣勢恢宏，是一尊十分難得的明代内地銅鎏金造像精品，存世罕見。根據此像的尺寸、工藝，顯然不是一般民間工匠所爲，應當出自皇家大型佛教寺廟及其鑄造場所。

在當今藝術品市場上，漢傳鎏金大體量佛像一直是國内外佛像收藏家青睞的一個重要品類。它們之所以受到藏家們青睞，有三方面原因：一是它們有恢弘的氣勢，强烈的宗教和藝術感染力，符合一些成功人士的審美和信仰需求；二是因爲藝術性好的，且還有鎏金的佛像對于雕塑家來説是極其嚴苛的，不僅體現了雕塑家對于形體比例把握的基本功，更重要的是對于佛像神態的控制。如果神態、比例造型都把握得當，便堪稱精品；三是這類佛像目前市場上流通極少，特别是品相完好者更是難得一見，具有明顯的稀缺性。且題材與風格皆爲人所熟知，符合廣大民衆的審美和喜好，無疑是佛像收藏和供奉的最佳選擇。

出版：《虔生出淨世—中國古代漢傳佛教造像精萃》，浙江省博物館，2017年。

展覽：「虔生出淨世—中國古代漢傳佛教造像精萃」展，浙江省博物館孤山館區，2017年。

當中國遇見犍陀羅

2014年底在中國國家博物館舉辦了一場重要的展覽——絲綢之路大展。爲了這次國家級別的展覽，各省市博物館都調集了巨大資源，堪稱絲路藝術的饕餮盛宴，然而讓人略感遺憾的是，在介紹絲路佛教的起源——犍陀羅藝術的版塊僅用了一張巨幅照片來應對。

這些年來，每每提及此事，我都唏噓不已，作爲絲路的重要一環，犍陀羅佛教藝術隨着19世紀的考古挖掘，爲世人所探知，從20世紀上半葉在歐美拍賣會上開始流通，到90年代日本近乎瘋狂的大量購藏，近百年來犍陀羅藝術品一直是國際主流的收藏品，同時也是重要的佛教藝術研究對象，而對於中國來説，却一直是個空白。

令人欣喜的是，這兩年來，不論國内的官方機構還是私人的收藏群體，都慢慢地關注到了這個空白點，官方或者民間的展覽也讓更多的國人可以近距離地欣賞到犍陀羅藝術之美。中國的犍陀羅收藏愛好者也在逐年成幾何倍數激增。

在這樣的大背景下，此次西泠拍賣的犍陀羅系列藏品，更顯劃時代意義，因爲這些藏品的推薦已不再簡單地追求藝術美感與投資性，而更多地挖掘了犍陀羅藝術背後，深層次的歷史文化内涵，起到了很好的推廣傳播作用。這不僅體現了西泠拍賣的眼光與社會責任感，其實也直接反映了國内犍陀羅收藏群體對於這門藝術的認知與訴求。犍陀羅收藏多年來一直處於中國收藏的小衆地位，然而隨着網絡信息的發達，短短幾年裏，犍陀羅收藏愛好者們推動着彼此間的學術傳播與交流，而學術界的研究也不斷引領與更新着中國收藏群體對於犍陀羅藝術的認知與理解。

中國的犍陀羅收藏愛好者早已不再滿足於以下有關犍陀羅藝術的簡單闡述：

南亞次大陸西北部地區（今巴基斯坦北部及阿富汗東北邊境一帶）的希臘式佛教藝術。形成於公元1世紀，公元5世紀後衰微。犍陀羅地區原爲公元前6世紀印度次大陸古代十六列國之一，孔雀王朝時傳入佛教，1世紀時成爲貴霜帝國中心地區，文化藝術很興盛，犍陀羅藝術主要指貴霜時期的佛教藝術而言。因其地處於印度與中亞、西亞交通的樞紐，又受希臘——馬其頓亞歷山大帝國、希臘——巴克特裏亞等長期統治，希臘文化影響較大，它的佛教藝術兼有印度和希臘風格，故又有“希臘式佛教藝術”之稱。其特色是佛像面容呈橢圓形，眉目端莊，鼻梁高而長，頭髮呈波浪形并有頂髻，身披希臘式大褂，衣褶多由左肩下垂，袒露右肩，佛及菩薩像有時且帶胡須等。

犍陀羅藝術形成後，對南亞次大陸本土及周邊地區（含中國新疆、中國内地、日本、朝鮮等國和地區）的佛教藝術發展均有重大影響。——摘録於百度搜索

那麽此次西泠拍賣中的幾件犍陀羅造像又有哪些值得我們了解的信息呢？我們一起看下這幾件拍品

拍賣號：（照片圖1 菩薩軀幹 高1.1米 藍色片岩）

佛教雖然在東北印度興起，但是其從一個地方信仰發展成爲一個世界宗教，與它在犍陀羅地區的重塑和發展脱不開關系。可以説，佛教在犍陀羅地區發生了全面的、革命性的變化。這種變化，通常被學者稱爲“大乘佛教”的興起，取代了“小乘佛教”成爲主流。在犍陀羅興起的大乘佛教，其核心的信仰和理念，從追求個人的自我救贖，轉變爲標榜拯救一切衆生。而最能體現大乘佛教這一核心理念的，就是“菩薩”（Bodhisattva）概念的出現。菩薩的本意是“具備覺悟能力者”。

圖1

一般認爲，“菩薩”的概念在公元前後出現，菩薩信仰是大乘佛教的重要特徵。菩薩既“上求菩提”，又“下化衆生”，成爲犍陀羅民衆禮拜和贊美的對象。也正因爲這樣，犍陀羅時期菩薩造像大量製作，供奉在寺廟内部或者廟墻内沿的佛龕中，供信徒瞻仰與禮拜。

（照片圖2 作者攝於巴基斯坦塔赫特巴赫寺廟遺址）

（照片圖20 巴基斯坦拉合爾博物館藏彌勒菩薩造像）

犍陀羅菩薩造像最爲常見的有釋迦，觀音，彌勒三類，而區分其不同的則往往通過頭部發冠與左手的持物，此件西泠的菩薩軀幹由於頭部和左手已失，所以無從判斷其原爲哪尊菩薩造型。但菩薩應有之“瓔珞莊嚴身”——《佛所行贊。卷第一》則盡數體現。其右臂着臂釧，刻工精美。頸部佩戴寬扁狀雕花項圈，一條由數串小珠鏈擰成的聖綫呈U字型懸挂於胸前，聖綫中央爲兩條龍型怪獸雙口對銜一顆寶石，高貴莊嚴。另外一條飾綫，由頸部斜搭至右肩，上身幾乎袒露，左肩披天衣，帔帛從左肋穿過，深垂至腿前，形成兩道流暢的圓弧型垂挂綫，着腰衣，系腰帶，右膝略微彎曲，以致牽動着整體的衣褶與鋸齒狀裙擺，如行雲流水般展示於信衆面前。

此尊造像體量較大，從現有的比例來看，原本完整情况下應該與真人大小無异，修長的腿部有别於很多犍陀羅造像的粗短四肢。其小腹微隆，胸部肌肉飽滿，身材勻稱，英姿挺拔，背闊胸寬，極具典型希臘羅馬雕塑的表現力。

（照片圖3）

（照片圖4美國大都會博物館藏）

參觀過大都會博物館的朋友一定會對

圖2

其收藏的一件菩薩軀幹印象深刻，而我個人認爲此次西泠的這件作品與其相比則有過之而無不及，堪稱犍陀羅藝術的巔峰之作。因此這件造像也被收録在今年年底即將出版的《犍陀羅文明史》第十章 智慧與慈悲：犍陀羅的菩薩信仰和菩薩像

就我個人而言，喜歡夜深人静時，默默地獨自審視着一件犍陀羅造像。那種感覺猶如和一位許久未見的老友敞開心扉，又如與千年前的古人在隔空對話，幻想着當年西行求法的僧人們是否也以同樣的角度滿懷敬畏之心凝視着他。幻想着那個佛教信仰與佛教藝術最偉大的時代，與犍陀羅造像同時代的龍樹，馬鳴，世親，無着，這些現在被我們稱之爲菩薩的大德高僧們是否也親自爲這尊造像加持甚而拜倒在之前，我無意濃墨渲染犍陀羅造像的宗教加持内涵，但犍陀羅藝術這個東西方文明交融碰撞的産物，一千多年後在我看來，依舊充滿了夢幻般的史詩色彩。

圖20

圖3

讓我們把思緒從夢幻中拉回現實，剛才介紹的菩薩軀幹很好地詮釋了希臘雕塑與古印度佛教思想的融合，而在整個犍陀羅藝術的形成中，古代印度提供的養分遠不止思想層面，印度早期的佛教美術也成爲了犍陀羅藝術不可或缺的一部分。讓我們來看這件拍品：（拍賣號：1075 鹿野苑説法 圖5）

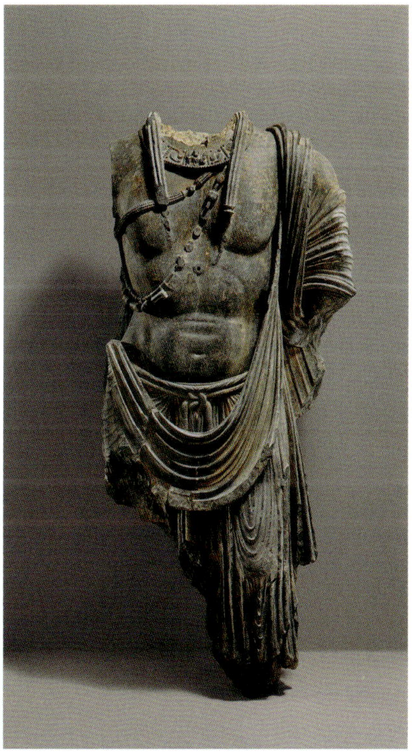

圖4

圖5

我們在介紹這塊浮雕板的主體内容前，有必要解説一下它的背景，犍陀羅藝術有兩大重要表現方式，一類是單體造像，另一類就是雕刻着佛傳或佛本生故事的浮雕板。目前學術界普遍認爲犍陀羅的單體佛造像有可能脱胎於浮雕板。而這類浮雕板往往裝飾於大型佛塔的階梯，外圈，圍欄等處，讓信徒們以做憑吊或者學習佛經的相關内容。

（圖6 佛塔階梯示意圖 法國集美博物館藏）

（圖7 西克裏佛塔 拉合爾博物館藏）

我們剛才提到，這類雕板主要雕刻了佛傳或者佛本生故事，而西泠拍賣的這塊浮雕板，要表達的是就佛傳故事中非常重要的八相成道中的一相：轉法輪（佛陀傳道説法)這是非常特殊的一件作品，我們首先看一下常見的佛陀轉法輪或者説鹿野苑初轉法輪是如何的?

（圖8 拉合爾博物館藏）

這類作品往往中間爲釋迦端坐，右手扶法輪，兩邊是佛陀最早的弟子五比丘，釋迦寶座下有時會有相背而卧的雙鹿，以代表場景發生在鹿野苑。有時圖中也會出現天使，金剛手以及其他天神。

而此件作品，主尊釋迦被代表佛法僧的三寶標所替代，通常犍陀羅的早期作品才如此表現。三寶標圖案在早期中印度佛教美術的代表，桑奇大塔中非常多見。（圖9桑奇大塔）而中間的三叉戟則用立柱和分别斜立的雙力士或者夜叉來表現，這種力士的表現方式我也完全有理由相信源於桑奇大塔中的藥叉女形象 （圖10桑奇大塔藥叉女，圖11平山鬱夫藏品）

最外兩側爲常見的希臘柯林斯風格石柱，石柱上分立兩名雙手合十的比丘，主體中常見的五比丘變成了六比丘，此種表現在大英博物館的藏品中也尋到了踪迹（圖12大英博物館藏）。雕板的人物塑造非常飽滿，相背而卧的雙鹿刻畫十分靈動，呼之欲出。雖然這件作品的底座也有雙鹿，但并非我們常提及的鹿野苑初轉法

圖6

圖7

圖8

圖9

輪，而是鹿野苑説法。這件犍陀羅作品整體構圖極爲講究左右對稱，明顯深受印度本土佛教美術巴爾胡特風格的重要影響。

此件拍品也被收録於即將出版的《犍陀羅文明史》。

第七章，釋迦牟尼的一生，犍陀羅藝術中佛傳故事。

在犍陀羅佛教藝術中除了希臘與印度本土元素以外，是否還有其他文明的身影？答案是肯定的。我們知道從公元前6世紀起，犍陀羅地區就被置於波斯阿契美尼德帝國的統治之下，因此在犍陀羅藝術品中，往往能看到古波斯藝術的元素，接下來這件拍品就融合了希臘，印度本土與波斯的三種藝術元素。

（圖片13古波斯阿契美尼德王朝行宫波斯波利斯遺址）

拍品號（圖14藥叉女浮雕板）

（圖15伊朗國家博物館藏 波斯波利斯風格柱頭）

這塊雕板應爲大型雕板的外沿裝飾部分，最右側爲希臘式的卷草紋，左側爲波斯風格的波斯波利斯石柱，兩頭代表性的牡牛端坐上方，柱身則雕刻了一位看似翩翩起舞的女性，身材匀稱豐滿，體態靈動婀娜。頭部盤髮，發髻高啓，微卷劉海，左邊裝飾着一朵盛開的蓮花。身着莎麗，雙手戴素面手鐲，雙脚戴鏈片脚鐲，這是印度本土藝術中的藥叉女形象。

整件作品刻工精良，不論牡牛還是藥叉女都惟妙惟肖，栩栩如生，其所用石材并非犍陀羅地區常見的藍色片岩，而是略爲堅硬的緑色片岩，這類片岩較多出産於巴基斯坦北部的巴焦爾和斯瓦特等地區。

（圖16 斯瓦特河谷地區的佛塔）

既然説到了石材，我想有必要和大家簡單説明下，犍陀羅造像的材質與地區問題。目前犍陀羅造像主要分爲金銅，石質，灰泥三種材質。金銅造像極爲罕見。石質造像的材質最爲常見的是藍色片岩和緑色片岩，對石材的了解是判斷犍陀羅石造像真僞的重要依據。

玄奘在《大唐西域記》中對犍陀羅造像的石材也略有提及，其在描述布路沙布邏的迦膩色迦大塔時寫道：“大窣堵波東面石陛南，鏤作二小窣堵波，一高三尺，一高五尺，規摹形狀，如大窣堵波。又作兩軀佛像，一高四尺，一高六尺，擬菩提樹下加趺坐像。日光照燭，金色晃曜。陰影漸移，石文青紺。”

我有理由相信玄奘所提及的這種擁有青紺色石紋的造像就是藍色片岩造像，因爲他文中所提的“布路沙布邏”位於現今巴基斯坦白沙瓦市的西北地帶。而藍色片岩的造像，主要出土於白沙瓦，馬爾丹等巴基斯坦西北部地區。這一地區很有可能在當時有石礦區和造像中心。犍陀羅的緑色片岩則分爲石質略爲堅硬與比較酥鬆的兩種，主要常見於巴基斯坦北部的巴焦爾，斯瓦特，迪爾等一些地區。

而灰泥造像，早期以巴基斯坦的塔克西拉爲中心，晚期則轉移到了阿富汗的哈達地區。此次拍賣有一尊灰泥材質的坐佛，其頂髻高聳，身着通肩長袍，端坐於拱門之内，面帶微笑，充滿了親近祥和之感。這類的灰泥佛像通常裝飾在佛塔的塔身四周，同時裝點的還有菩薩，力士，獅

圖10

圖11

圖12

圖13

圖14

圖15

圖16

圖17

圖18

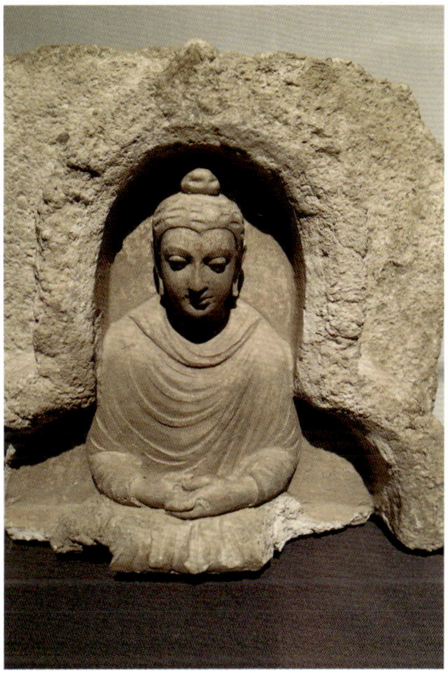

圖19

子、人象等。

（拍品編號 圖17灰泥坐佛）

（圖18 塔克西拉焦利安出土的灰泥佛塔）

（圖19 拉合爾博物館藏 類似之灰泥坐佛）

這次西泠拍賣的犍陀羅藝術品不僅内容豐富，而且還將按照國際慣例，以遠低於市場價的估價起拍。我終於看到了一家國内拍賣行，以踏實的脚步，長遠的目光，堅定的信念去努力做好犍陀羅藝術推廣工作，我想這也是國内犍陀羅愛好者期盼已久的，因此今天能爲西泠拍賣撰寫此文，内心愉悦之至。

筆至尾聲已是第三個不眠之夜，回想起與一衆同好的犍陀羅收藏經歷，感慨良多。犍陀羅藝術走進中國，從無到有，這些年來，研究也好收藏也好，猶如一個混沌的孩子，時常會走些彎路，時常會犯些錯誤，然而這一切都是成長的代價。但令人贊嘆的是當中國再次遇見犍陀羅，我們依然如我們的先人一般，没有空談，没有退縮，更没有放弃。

2000年前在絲綢之路上流動的，除了香料、貴金屬、奢侈品，還有佛陀的教誨。

來自犍陀羅的高僧們抱着拯救世人的理想，進入新疆、敦煌、長安、洛陽、鄴城，忍受自然環境的惡劣和文化挑戰，希望能够用佛法拯救衆生。

而參訪至犍陀羅，來自中國的高僧們，如法顯昔在長安，慨律藏殘缺，以65歲近古稀之年毅然西行，尋求戒律。如玄奘抱以“寧往西天一步死，不向東土半步生”的絶然之心，櫛風沐雨，求取真經。

“上無飛鳥，下無走獸，遍望極目，欲求度處，則莫知所擬，唯以死人枯骨爲標幟耳”——《佛國記》 法顯（公元334—420年）

千秋邈矣，正是這些絲路上的先行者們，縱使篳路藍縷，亦不忘初衷，爲後進者指引着前方的路。

今日之中國處在一個偉大變革的時代，當一帶一路已經作爲國策，勢不可擋。我完全相信，未來的中國將擁抱更多的絲路藝術，而犍陀羅藝術品也將在三五年内爲更多的國人所認知所收藏。正如我們的先人們，曾經堅信荒漠之外一定會有改變命運的緑洲，曾經堅信一定可以找到那卷度化衆生的真經。

我今日同樣堅信未來犍陀羅的藝術與研究中心將一定在中國！

何平

2017年11月21日凌晨

寫於尋訪犍陀羅工作室

1074 二世紀·犍陀羅片岩彌勒身像

2ND CENTURY A GANDHARA SCHIST STATUE OF MAITREYA

Provenence: Previously collected by Mr. Eiichi Nagamine, a Japanese collector.

高：110cm

RMB: 400,000—580,000

此件菩薩軀幹由於頭部和左手已失，所以無從判斷其原爲哪尊菩薩造型。但菩薩應有之『瓔珞莊嚴身』——《佛所行贊。卷第一》則盡數體現。其右臂着臂釧，刻工精美。頸部佩戴寬扁狀雕花項圈，一條由數串小珠鏈擰成的聖綫呈U字型懸挂於胸前，聖綫中央爲兩條龍型怪獸雙口對銜一顆寶石，高貴莊嚴。另外一條飾綫，由頸部斜搭至右肩，上身幾乎袒露，左肩披天衣，帔帛從左肋穿過，深垂至腿前，形成兩道流暢的圓弧型垂挂綫，着腰衣，系腰帶，右膝略微彎曲，以致牽動着整體的衣褶與鋸齒狀裙擺，如行雲流水般展示於信衆面前。

此尊造像體量較大，從現有的比例來看，原本完整情况下應該與真人大小無异，修長的腿部有別於很多犍陀羅造像的粗短四肢。其小腹微隆，胸部肌肉飽滿，身材勻稱，英姿挺拔，背闊胸寬，極具典型希臘羅馬雕塑的表現力。

來源：日本收藏家長峰英一先生收藏。

1075 二世紀・犍陀羅轉法輪

2ND CENTURY A GHADARA BUDDHIST PANEL

Provenence: Previously collected by Mr. Eiichi Nagamine, a Japanese collector.

47 × 29cm

RMB: 100,000—120,000

犍陀羅藝術有兩大重要表現方式，一類是單體造像，另一類就是雕刻着佛傳或佛本生故事的浮雕板。目前學術界普遍認爲犍陀羅的單體佛造像有可能脱胎於浮雕板。而這類浮雕板往往裝飾於大型佛塔的階梯，外圈，圍欄等處，讓信徒們以做憑吊或者學習佛經的相關内容。

這是非常特殊的一件作品，主尊釋迦被代表佛法僧的三寶標所替代，通常犍陀羅的早期作品才如此表現。三寶標圖案在早期中印度佛教美術的代表，桑奇大塔中非常多見。而中間的三叉戟則用立柱和分别斜立的雙力士或者夜叉來表現，這種力士的表現方式我也完全有理由相信源於桑奇大塔中的藥叉女形象。

來源：日本收藏家長峰英一先生舊藏。

1076 二世紀・犍陀羅藥叉女

2ND CENTURY A GANDHARA STATUE OF YAKSHA

Provenance: Previously collected by Mr. Grusenmeyer, a Belgian collector.

47×14.5cm

RMB: 40,000—60,000

這塊雕板應爲大型雕板的外沿裝飾部分，最右側爲希臘式的卷草紋，左側爲波斯風格的波斯波利斯石柱，兩頭代表性的牡牛端坐上方，柱身則雕刻了一位看似翩翩起舞的女性，身材勻稱豐滿，體態靈動婀娜。頭部盤髮，髮髻高啓，微卷劉海，左邊裝飾着一朵盛開的蓮花。身着沙麗，雙手戴着面手鐲，雙脚戴鏈片脚鐲，這是印度本土藝術中的藥叉女形象。

整件作品刻工精良，不論牡牛還是藥叉女都惟妙惟肖，栩栩如生，其所用石材并非犍陀羅地區常見的藍色片岩，而是略爲堅硬的綠色片岩，這類片岩較多出産於巴基斯坦北部的巴焦爾和斯瓦特等地區。

來源：比利時收藏家Grusenmeyer先生舊藏。

1077 | 世紀・站佛基座

2ND CENTURY A STANDING BUDDHA BASE

Provenance: Previously collected by Mr. Grusenmeyer, a Belgian collector.

21 × 10cm

RMB: 10,000—15,000

來源：比利時收藏家Grusenmeyer先生舊藏。

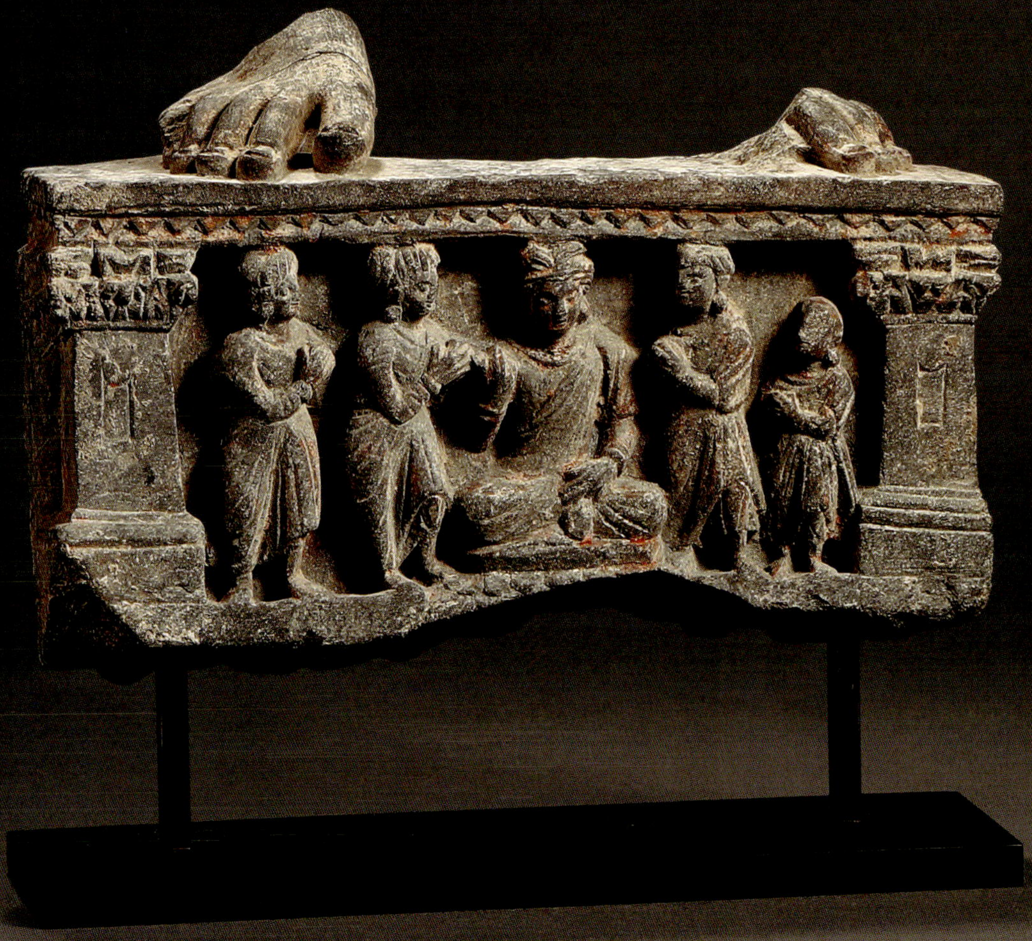

1078　三世紀・片岩犍陀羅石板

3RD CENTURY　A GANDHARA SCHIST SLATE

Literature: *Gandharan Art*, Isao Kurita, 1988

38 × 24cm

RMB: 100,000－150,000

此件拍品從人物的造型，衣飾的穿着風格上看，具有明顯的古希臘雕塑的風格，印證了早期巴基斯坦地區的犍陀羅雕塑，受到了古希臘人的審美影響，同時也對之後中國佛教藝術的發展產生了深遠的影響。

此件貴族供養像來源于日本著名的犍陀羅研究學者栗田功。

著錄：《犍陀羅藝術》1988年出版 栗田功著。

1079　五世紀·犍陀羅成天圖佛像

5TH CENTURY　A GANDHARA STATUE OF BUDDHA

Literature: *Beauty of Buddhist Statues: Gandharan Art*, Isao Kurita.

29×36cm

RMB: 320,000—350,000

佛教造像藝術可以溯源至西元一世紀的印度，貴霜王朝的犍陀羅與秣菟羅文化交映輝煌，前者受到外來文化的影響，展現西方希臘風格特有的表徵，後者則融合本地特色，表現出本土文化獨有的樣貌。此件犍陀羅釋迦牟尼成道像的材質是綠片岩，從風格來看已經帶有斯瓦特地區的造像特點，固應是五世紀巴基斯坦和斯瓦特河谷交界處附近的造像，具有很高的藝術性。

斯瓦特河谷地區在玄奘《大唐西域記》中被記作"烏仗那國"，爲梵文Udyana的音譯，意爲花園。根據法顯和玄奘的記述，公元5世紀到7世紀之間，佛教在烏仗那國廣泛傳播，寺院從500餘所增長到高峰時的1400餘所。但是7世紀之後，佛寺又經歷了"今漸減少"的過程，教義則從小乘向大乘、密宗演變，因此是研究佛教史的寶貴資料。斯瓦特河谷是佛教密宗的發源地之一，對藏傳佛教影響巨大。此尊犍陀羅應是靠近斯瓦特河谷地區的早起雕塑，具有濃鬱的當地造像審美。衆所周知斯瓦特造像精美的極少，而此尊造像工藝精湛，品相完好，是一件極稀少的斯瓦特雕塑藝術精品，值得珍藏！

著録：《大美之佛像犍陀羅藝術》栗田功著。

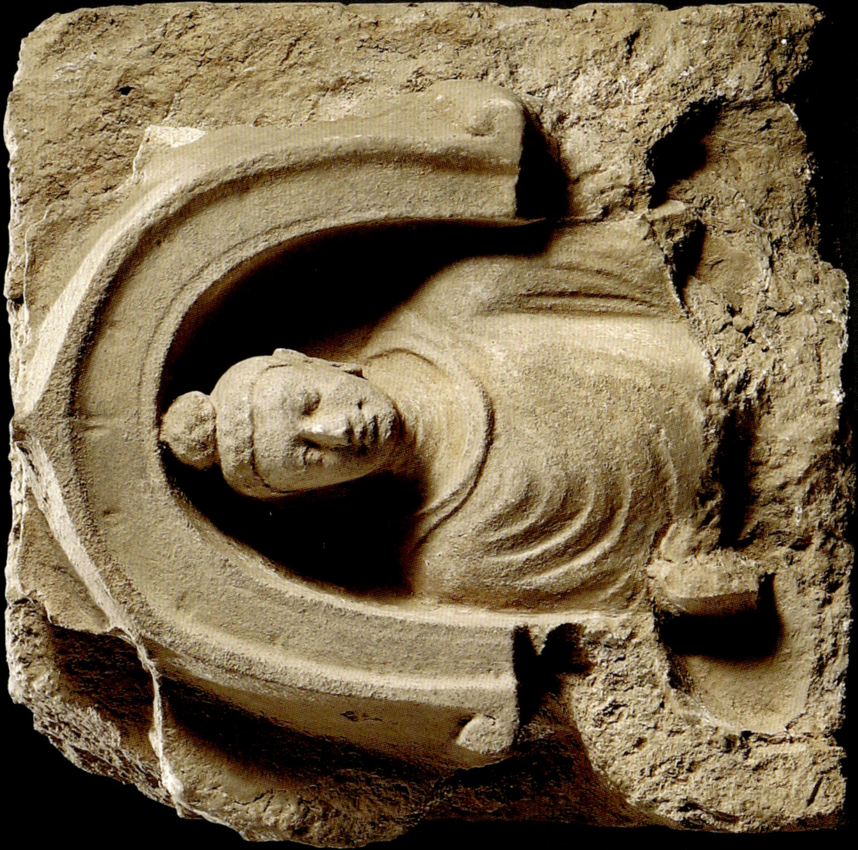

1080　三世紀・犍陀羅灰泥釋迦像

3RD CENTURY A GANDHARA STUCCO STATUE OF SAKYAMUNI

Provenance: Previously collected by Mr. Grusenmeyer, a Belgian collector.

高：24.5cm

RMB: 10,000—20,000

1081　十八世紀・合金銅綠度母坐像（嵌銀眼紅唇）

18TH CENTURY A COPPER ALLOY STATUE OF GREEN TARA

Provenance: Previously collected by an American collector.

高：12.5cm

RMB: 50,000—80,000

此尊頭戴花冠，面相圓潤，眉間白毫凸顯，高鼻薄唇，目光下斂，相容和煦，雙目嵌銀，嘴唇嵌紅銅，工藝極爲精細。頭向左傾，身體呈三折枝式，豐乳細腰，體態婀娜。左腿單盤，右足踏一莖仰蓮，舒坐於臺座上。上軀袒露，佩戴瓔珞釧環，下着綢裙，上鏨刻有華美細密的紋飾。右手施與願印，左手自然置於左膝，二指捻一莖蓮花，繞臂而上，齊肩綻放。臺座雙層深束腰，蓮瓣寬闊飽滿。整像造型生動，受到明顯的帕拉風格影響，精美華麗而不失古樸典雅，富有雕塑美感，堪稱清代摹古造像的佳製。

來源：美國藏家舊藏

1082 十世紀・帕拉財神

10TH CENTURY A BRONZE PARA-STYLE STATUE OF YELLOW JAMBHALA

高：12cm

RMB: 300,000—350,000

黄財神原是印度的藥叉神，藏名藏巴拉，是藏傳佛教各大教派普遍供養的五姓財神之一，爲諸財神之首。因其身相金黄，故稱其爲黄財神。爲令密乘行者由貧財弘法利生，不被生活所逼，可安心向道，特賜予行者財利豐足。修持黄財神法，持誦其密咒，可消滅六道窮苦，增長福德、壽命、智能，以及一切物質與精神上的受用，財源茂盛，免除貧窮。黄財神，高額豐頤，雙目含笑圓睜，高鼻厚唇，五官具印度人特點。頭戴寶冠，束高髻，耳飾圓珰，上身袒露，項挂瓔珞，腹部圓鼓，下身着裙；左手握吐寶鼠，鼠身與長尾巴蜷縮於後；右手持摩尼寶，餘二手向兩邊施展。游戲坐姿的右足踩寶袋，坐於臺座上。整體造型端莊，工藝簡練。整尊造像工藝簡練，銅質因久經歲月而愈顯蒼翠瑩潤。

1083 江户時期・木胎釋迦牟尼立像

EDO PERIOD A PAINTED WOOD STATUE OF SAKYAMUNI

Provenance: Acquired from Christie's New York in the 1990s.

高：67cm

RMB: 100,000—150,000

佛陀螺髮排列規整，肉髻圓緩，髻珠凸現。面龐圓潤，彎眉與鼻腔相連，雙目宛若未開敷的蓮苞，相容和熙。菩薩挽髮於頂，束高髮髻。面頰圓腴，雙目垂俯，高鼻薄唇，神態慈悲祥和。佩戴瓔珞項鏈。繁縟而精美。雙足并立，身披通肩衲衣，下着綢裙，衣紋綫條流暢，曲走流回，灑脱飄逸，體現出衣料的質感，頗具寫實性。

90年代購於紐約佳士得。

1084 清・銅鎏金財寶天王像

QING DYNASTY A GILT-BRONZE STATUE OF VAISHRAVANAA

高：16cm

RMB: 180,000—280,000

財寶天王，來源於印度教財神庫貝羅（Kubera 或Kuvera）。古印度教傳説，庫貝羅是一位智者毗沙門的兒子，所以他也姓毗沙門。據説，他行苦修千年，大梵天爲了獎勵他，賜他永遠不死，并任命他作爲財富神和大地神富寶庫的守護者。一般認爲，庫貝羅居住在喜馬拉雅山中的一座名山，叫開拉沙山。實際上，當初大梵天任命他作財神時，他居住在南方的蘭卡城（在今天的斯裏蘭卡）。北傳佛教興起以後，庫貝羅的居住地也開始北移到了北方神山開拉沙山了。總之，庫貝羅的起源遠比毗沙門天早。

在佛教中，他因爲身兼二職，所以就有了不同的身份和名字。庫貝羅作爲方位神，即北方的守護神，守護宇宙中心須彌山時，他才被稱爲毗沙門天。作爲財寶神時，他被稱爲財寶天王或庫貝羅。佛教宣稱，庫貝羅的國度位於喜馬拉雅山中的阿荼盤多（Alaka），當地莊嚴華麗，盛産寶物。他的眷屬有八大馬王等。黄財寶天王配八大馬王是藏傳佛教最爲喜愛的財神題材，通常見於寺廟的門口右側的護法神隊伍中。

右手持勝幢，左手持吐寶鼠。游戲姿像是一件極爲獨特的作品：頭戴五葉冠，冠葉原來嵌有珠石，現已經脱落；作武將装束，身着鎧甲，穿蒙古式長靴，坐於獅背上，左腿伸出。獅卧蓮座。獅子作回首怒吼狀，充滿力度。財寶天王面部肌肉鼓起，雙目圓睁，頭向左側，凝神下視，二者均與獅子的回首動作互相呼應，表現出瞬間的動感，加上天衣在身後飄起，若有風吹動，使造像充滿靈動之感。整個作品做工精細，銅質厚重，鍍金明亮，力量感强烈，是一件難得的造像藝術精品。

1085 清・木胎千手觀音坐像

QING DYNASTY A WOOD STATUE OF AVALOKITESVARA

高：69cm

RMB: 300,000—400,000

此尊準提觀音木雕體量巨大，雕飾精細，手臂繁多，工藝復雜，爲木雕中罕見之精品。觀音結跏趺安坐，主臂雙手合十，其餘衆多手臂展於身側，雖密如屏風，但繁而不雜，前後錯置，布局合理，手勢各不相同，分持不同法器，望之滿目。威儀如斯，不負準提之名。面容方正，雙目俯視，鼻長而挺，嘴角略帶微笑，表情慈悲和善，不沾客塵之染。肩膀寬闊，身形壯碩穩重，身着天衣綢裙，衣飾層疊厚重，衣紋綿延貼服。胸前飾瓔珞，腕戴手環，臂墜帛帶，雖木製，但所刻褶皺清晰自然，質地模擬逼真，似可隨風飄曳，瀟灑自如。整像比例勻稱，結構復雜合理，曲綫流暢，漆金勻亮，保存狀況極好，尤其是各支手臂，雖歷數百年，未有一支斷者，殊爲罕見。

1086 清・銅鎏金六臂大黑天

QING DYNASTY A GILT-BRONZE STATUE OF SIX-ARMED MAHAKALA

高：14cm

RMB: 160,000—180,000

大黑天又稱爲瑪哈嘎拉，有多種形象，一般常見的有二臂、四臂和六臂的。此尊造像爲六臂大黑天，紅色頭髮，頭戴骷髏冠，一面三目，面相忿怒。肩生六臂，上方雙手扯白象皮，表示驅逐無明；主臂兩手拿骷髏碗和鉞刀。腰間圍虎皮裙，環繞骷髏鏈，手、臂及脚踝處鑄有釧環。此尊造像表情憤怒，造形生動，動態威猛。黄銅鑄造，通體鎏金，工藝工整，爲十八世紀造像的典型作品。

1087　清・木胎京造觀音坐像

QING DYNASTY　A WOOD STATUE OF AVALOKITESVARA

高：24cm

RMB: 200,000—250,000

到了明朝15世紀，佛教傳入中國也已經有一千年了。在千年之中，更換了多少朝代，唯獨佛教不斷不滅，且每一朝代的帝君，無不以佛立國，世代傳承。到了清代，能匠巧手在制作佛像時能融入地方特色，表現于佛、觀音造像的臉部、身型或材料上，可見技術上已能游刃有餘。此尊觀音爲高發髻造型，雙目閉起，彎月眉，鼻長挺直，嘴角微揚；慈憫大悲的容顔被刻畫得十分生動。身着通肩衲衣，内着僧祇支，胸前瓔珞華麗精美。衣緣處鏨刻纏枝蓮紋，衣褶曲轉流暢，體現了漢地造像注重衣褶刻劃的傳統。左手于臍前托净盂，右手拇指與中指捻楊柳枝，全跏趺坐。裙擺于雙腿處自然鋪展，波浪紋的裙褶婉轉自然，寫實手法高超。作品將宗教的神聖性和世俗的審美情趣相結合，充分表現出自在觀音修證深廣，觀照衆生的形象。

圖1

1088 清·木胎金漆自在觀音

QING DYNASTY A GOLDEN-PAINTED WOOD STATUE OF AVALOKITESVARA

高：70cm

RMB: 180,000—220,000

觀音跣足自在坐，左手自然搭於左膝，玉指如葱。面龐豐潤，廣額彎眉，鳳眼微啓，法相莊嚴。髮髻高束於頭頂并佩戴花冠，掩於風帽之下，頸佩瓔珞，身着寬袖長袍，衣紋垂拂流轉，深刻自然。雕塑技法精湛，法相温婉慈祥，爲明清之際極受歡迎之佛教造像珍品。金彩保存完好，十分難得。

參閱：（圖1）京工木胎髹金漆自在觀音 高86cm 邦漢斯2015年春拍 成交180萬人民幣。

1089 清・銅鎏金釋迦牟尼

QING DYNASTY A GILT-BRONZE STATUE OF SAKYAMUNI

Provenance: Lot 3807, Beijing Hanhai Auction, 2011

高：17.2cm

RMB: 500,000—600,000

此尊銅鎏金釋迦牟尼以精銅鑄造，銅質沉煉精實。尊像頭飾螺髮，排列規整，肉髻圓隆高凸，頂飾摩尼寶珠，額頭扁平，面頰豐滿，鼻短且正面看呈三角錐形，綫條簡潔明了，五官刻畫清晰，左手施禪定印，右手，雙腿結跏趺坐，肢體的刻畫柔軟細膩，造型端莊大方，比例結構精準，與造像量度經中所列明尺度極爲相似，表現出强烈的西藏造像的影響，與明代瓔珞裝飾無鑲嵌的風格形成鮮明的對照。其氣質一改漢傳造像中祥和儒雅之感，爲佛陀這一形象注入了一種强健英武之氣，爲一典型的乾隆宫廷範例。

清宫對於銅佛像和法器的製作上，從工藝技術、配方以及細部粘結均采用或參考了西藏的傳統配方，并按照清宫造辦處的要求進行改進。此尊在佛衣嵌飾的處理上就表現出這一時期工藝繁復精湛的特點。衣紋層迭有致，工藝之精細令人嘆爲觀止，非宫廷造辦而難爲，極爲珍罕。相同的開臉我們可參見（圖1） 2015秋 保利過去佛，現在佛，未來佛——Speelman秘藏梵像聚珍7332 清乾隆 燃燈佛，衆所周知，小佛的工藝製作更難於大佛的製作，然而我們却從此尊小佛中看出大佛的氣勢與工藝，不得不爲之驚嘆。實屬難得！

此尊曾出自天津文物商店庫房，佛像帶有天津文物公司庫房編號。

2011 北京翰海拍賣有限公司 3807

圖1

1090　元末明初·『錢塘陳彥清造』地藏菩薩坐像

LATE YUAN DYNASTY-EARLY MING DYNASTY　A BRONZE STATUE OF AVALOKITESVARA WITH 'QIAN TANG CHEN YAN QING ZAO' MARK

Illustrated: *Pureland from Piety: Selection of Chinese Ancient Buddhist Statues*, Zhejiang Museum, 2017

Exhibited: 'Pureland from Piety: Selection of Chinese Ancient Buddhist Statues', Gushan Branch, Zhejiang Museum, 2017

高：24cm

RMB: 500,000—800,000

【錢塘是江名】，【錢塘是地名】，【錢塘是城名】。

【作爲江名】——錢塘江，載千古，覆萬年……它是浙江省内最大的河流。上游源出於浙、皖、贛邊境，經杭州閘口以下注入杭州灣後會納於東海。

【作爲地名】——錢塘早有美稱：『東南形勝，三吴都會』。早在秦王政25年（公元前222年）秦滅楚，便於今杭州地置錢塘縣。

【作爲城名】——錢塘是現在號稱『人間天堂』杭州城的古稱謂。上自秦一統全國後便在靈隱山麓設縣治稱錢唐，屬會稽郡。至隋王朝建立於開皇九年（公元589年）廢郡爲州，『杭州』之名才有了第一次的出現。

元代造像是飛來峰繼兩宋造像以來的最後一個高峰。這個高峰的突出特點是突然涌出的大量的藏傳佛教藝術作品。這些作品的出現與遠超信奉藏傳佛教和藏傳佛教在江南的傳播以及杭州的特殊地位密切相關。

1276年元軍揮師南下，攻占杭州之後，爲了徹底動摇南宋在江南長期統治的根基，『從精神文化上消除前宋的遺留影響』，元朝在以杭州爲中心的江南采取了一系列措施，開始傳播藏傳佛教。其中，最重要的措施之一就是在杭州建立了管理江南佛教事務的總統所和行宣政院。此外，在元初，除了在杭州大力修建寺廟，許多著名的藏傳佛教高僧也活躍在江南，如沙羅巴和丹巴國師。此兩人都師從八思巴（八思巴——淳祐四年（1244年），年僅十歲的八思巴來凉州（今武威市）學習漢文化與蒙古文化，這爲他以後成爲大元帝師奠定了雄厚基礎。蒙哥汗三年（1253年），忽必烈從受佛戒。中統元年，世祖即位，尊爲國師，即大元帝師，使統天下佛教徒。至元元年，使領總制院事，統轄藏區事務。六年，制成蒙古新字，加號大寶法王。十三年還至薩斯迦，爲西藏佛教薩迦派第五代師祖。）

因此，在元代，杭州的佛教藝術便深受藏傳佛教之影響。我們可以從杭州靈隱飛來峰的石造像來得到例證。此件地藏王菩薩的蓮瓣紋來看，蓮瓣寬大，蓮瓣頭部微微翹起，蓮心往内翻卷，與明早期造像完全不同。具有典型的元代蓮瓣紋之特徵。（參閱杭州飛來峰（四臂觀音 石窟造像，創作于1282-1292年）頭戴五葉寶冠，臉部方正，雙目向下微睁，眉間一白毫，與杭州飛來峰之尊勝佛母的開臉如出一轍。（參閱尊勝佛母，石窟造像，杭州飛來峰，創作于1282-1292之間）。

至此，我們能否大膽的推測，此件地藏王菩薩像便是在元代時期的杭州地區（錢塘陳彥清造）在元代宫廷機構——總統所的督辦下，鑄造的一組精美的元代宫廷造像中的一尊！

2017年11月 倫敦蘇富比拍出一件帶有『錢塘陳彥清造』款識的佛像，落錘價爲1635800元。

出版：《虔生出净世——中國古代漢傳佛教造像精萃》，浙江省博物館，2017年。

展覽：「虔生出净世——中國古代漢傳佛教造像精萃」展，浙江省博物館孤山館區，2017年。

彩图4u-3-2　四臂观音，石窟造像　浙江杭州飞来峰，创作于1282—1292年间（熊文彬摄影）

彩图4u-3-3　顶髻尊胜佛母九尊曼荼罗，石窟造像　浙江杭州飞来峰，创作于1282—1292年间（熊文彬摄影）

1091 清・夾紵釋迦說法像

QING DYNASTY A LACQUER STATUE OF SAKYAMUNI

高：24cm

RMB: 50,000—90,000

此像以夾紵工藝製作而成，夾紵，亦稱「夾紵」、「挾紵」。即先用泥塑成胎，後用漆把麻布貼在泥胎外面。待漆幹後，反復再塗多次。最後把泥胎取空，因此又有「脱空像」之稱。此尊釋迦牟尼，螺髮高髮髻，面龐圓潤，雙目低垂。着袒右式袈裟，下着僧裙，裙腰及胸，衣褶自然流暢。釋迦全跏趺坐於蓮臺之上，雙手結禪定印。束腰仰覆式蓮花座，蓮瓣飾卷雲紋，蓮瓣飽滿，對稱均勻。此種工藝製作過程復雜，所製塑像不但柔和逼真，而且質地很輕，但不易保存，此像保存完好，工藝精細，佛像塑造栩栩如生，實屬難得。

1092 清·木胎釋迦坐像

QING DYNASTY A WOOD STATUE OF SAKYAMUNI

高：24cm

RMB: 80,000—90,000

在中國佛教藝術作品中，木質佛像因其材質易得、可塑性强等優點，而盛行於中原大地，其生動寫實的造型、流暢繁縟的工藝，令今世之人爲之贊嘆。此尊木製佛像頭飾螺髮，有高肉髻。造像容貌俊秀，雙目微睁，大耳垂肩，慈悲智慧現於面龐之上。身披通肩袈裟，内着僧裙，腰系絲帶，此爲漢地造像常見的樣式；衣紋雕刻寫實，織物感極强，衣褶流轉自如，層迭緊密。左手結禪定印，右手撫在右腿，全跏趺端坐，是釋迦牟尼成道像的標準姿態。整像端莊大氣，比例協調，造型特點與明晚期宫廷造像的特徵相一致。

1093　乾隆·銅鎏金無量壽佛

QIANLONG PERIOD, QING DYNASTY　A GILT-BRONZE STATUE OF AMITABHA

高：16.8cm

RMB: 80,000—100,000

此尊無量壽佛頭戴高冠且鑲有寶石，寬額面潤，細眉彎連，雙眼微闔，耳長垂肩且穿圓耳珰，神態安然肅穆，胸前佩戴項煉，餘髮披肩，兩肩臂皆有臂釧，身着王服，衣折流暢自然，下身着貼體薄裙，裙褶迭於座面，體態匀稱，肩寬腰細，挺身端坐，雙手於腹前結禪定印，雙足全跏趺坐於仰蓮座上，蓮座上緣刻有小連珠，蓮瓣間層迭隱蓮瓣，錯落有致。整體而言，通體鎏金，銅質厚重，衣帛環繞手臂，并於身後垂落長綠，更增添加幾分飄逸之感，具有乾隆時期的造像風格。

1094 十八世紀·銅六臂大黑天像

18TH CENTURY A BRONZE STATUE OF SIX-ARMED MAHAKALA

高：17cm

RMB: 80,000—100,000

大黑天是梵語「瑪哈嘎拉」的意譯，又譯爲「救怙主」，原是古印度的戰神，是藏傳佛教中最重要的智慧護法，在密教中廣受尊崇，原因在於他能賜予貧困者福德，令食物豐足，并保護戰爭中求助的衆生。本尊造像形製精美，頭戴五顱冠，須髮呈紅色火焰狀，蹙眉瞋目，卷舌咧口，獠牙外露，身披象皮，項挂人頭蔓，佩飾瓔珞釧環。主臂二手於胸前分執鉞刀、嘎巴拉，餘手各執骷髏念珠、骷髏鼓、繩索及象皮，左展立，足踏象頭天神。象頭天神是北方的財神，右手捧顱骨碗，左手持蘿卜，呈仰卧式。據説這位天神原很殘暴，被瑪哈噶拉降伏後，便用這種姿勢侍侯他。此像澆鑄工藝精湛，堪稱清代金銅造像中的精品。

1095 清・銅鎏金駿馬財神

QING DYNASTY A GILT-BRONZE STATUE OF THE GOD OF WEALTH

高：17.5cm

RMB: 150,000—180,000

此尊造像是八駿財神中的其中一位。八駿財神又稱『財神八大將』，『八路財神』，是黃財寶天王的伴神，各司八方天庫，聽令濟度缺乏資財之學佛行者，使其免予窮困。造像頭戴戰盔，身着華貴的鎧甲，足蹬戰靴，跨騎天馬。上下擺動的袍袖、繞臂穿肩向後飄拂的帛帶，與嘶鳴駿馬之奔姿相映成趣，形象生動傳神。整體造型生動，做工精美，品相完好，應是清早期北京地區所造。

1096 清・銅鎏金速勇佛母

QING DYNASTY A GILT-BRONZE STATUE OF SIMHAMUKHA

高：17.2cm

RMB: 80,000—120,000

速勇佛母又稱紅度母，是藏傳佛教二十一種度母之一，是觀音菩薩的化身。此像頭戴花冠，一面四臂，上二手持法器高舉過頭頂，下面兩手，右手結期克印，左手施與願印。全身飾天衣寶珞，相好莊嚴，全跏趺坐於蓮花座上。蓮花座造型大方，蓮瓣扁平工整，是清代漢藏風格造像的藝術特徵。整像黄銅鎏金，胎體厚重，做工精細，是清代北京地區漢藏風格造像中的代表性作品。

1097 清・木胎劉海戲金蟾

QING DYNASTY A WOOD STATUE OF 'LIU CHAN'

高：70cm

RMB: 180,000—200,000

劉海蟾是我國古代道教人物。由於明代皇帝崇信佛道二教，所以明代以來的繪畫、雕塑中經常出現劉海蟾的形象。據傳，劉海蟾，廣陵人，曾做過燕王劉守光的丞相，後從鐘離權、呂洞賓學道成仙，被道教尊爲全真道北五祖之一。宋代柳永《巫山一段雲》有『貪看海蟾狂戲，不道九關齊閉』的詩句。民間視劉海蟾爲福神、財神，并流傳『劉海戲金蟾，步步釣金錢』之説。此件木胎髹漆劉海戲金蟾擺件，造型刻畫細膩，衣褶繁復而靈動，劉海笑容可掬，手托金蟾，身披天衣，寬衣大袖，袒胸露懷，爲我國民間喜聞樂見之形象。

1098 清・木胎觀音坐像

QING DYNASTY A WOOD STATUE OF AVALOKITESVARA

高：30cm

RMB: 50,000—80,000

以觀音菩薩爲主導的大慈悲精神，被視爲大乘佛教的根本。佛經上説，觀世音是過去的正法明如來所現化，他在無量國土中，以菩薩之身到處尋聲救苦。觀世音與阿彌陀佛有着特殊的關系。他是西方三聖中的一尊，也是一生補處的法身大士，是繼承阿彌陀佛位的菩薩，而且還有説觀世音就是阿彌陀佛的化身。

此尊觀音菩薩通體漆金幾無損傷，雕工精細，面相豐腴，寬額廣頤，細目微張，直鼻小嘴，髮髻高挽，內着高腰長裙，腰帶刻畫十分寫實，衣褶折疊起伏流暢，似隨風擺動，形象生動逼真，足見雕刻者功力深厚，實爲難得佛教造像。

1099 明·銅鎏金男相觀音坐像

MING DYNASTY A GILT-BRONZE STATUE OF AVALOKITESVARA

高：17.5cm

RMB: 150,000—160,000

按佛教儀規，菩薩是無漏的聖人，是無所謂性別的，但是事實上無論是佛經還是佛教藝術上，總喜歡讓菩薩隨順世間，帶上世俗的性別。在早期印度佛教中，菩薩多以男性身份出現，那時佛經中佛陀稱當時菩薩爲『善男子』『偉丈夫』『勇猛大丈夫』等等。在中原佛教造像中，唐代以後就比較少見到大胡子的男相菩薩造型了，觀音造像多爲俊美的美男子形象或女性形象，留有長髯的男性形象極爲少見。此尊造像即爲留有長髯的男相觀音，禿頭髹髮，面相飽滿，眉似彎月，雙目細長，直鼻薄唇，神情恬然。菩薩袒胸着通肩式大衣，胸前現『卍』字符，衣褶自然流暢，懸空垂於臺座之上。左手於胸前結禪定印，右手自然置於右膝之上。雙腿結跏趺座。觀音刻劃寫實，形象穩重端正，具有顯著的明代中期中原造像特點，通體鎏金，金色光艷。此造像在明代是較少出現的體材，存世量也不多，爲當時觀音造像中的上品。

1100 十四世紀・合金銅釋迦牟尼坐像

14TH CENTURY A COPPER ALLOY STATUE OF SAKYAMUNI

高：27cm

RMB: 150,000—160,000

此尊釋迦牟尼頭飾螺髮，髮髻如塔狀高聳，寶珠頂嚴。彎眉細眼，身形勻稱健碩，寬厚的雙肩，更凸顯細腰，身着袒右肩式袈裟，左臂袖口似清風吹拂，采用薩爾納特式表現手法，袈裟輕薄貼身，僅在胸、臂、腿部施以凸起的綫條，簡潔明快。佛像左手結禪定印，右手施降魔觸地印，表現釋迦牟尼在菩提迦耶的證悟。此像爲合金銅單體澆鑄，銅質細膩，包漿溫潤，依舊可見銅質光亮如金。

1101　十八世紀・銅鎏金大威德立像

18TH CENTURY　A GILT-BRONZE STATUE OF YAMANTAKA

高：11.3cm

RMB: 40,000—50,000

此像爲密宗無上瑜伽部父續修習的重要本尊，是藏傳佛教格魯派主修的雙身怖畏金剛。此尊爲九頭三十四臂十六足，九頭分三層排列，表示大乘佛教的九部佛經。正面爲牛頭閻王，代表降服死亡，其上爲夜叉面，頂端爲溫書相。三十四臂加上身、口、意三業表示佛教修行的三十七道品。主二臂擁抱明妃金剛起尸母，餘手伸向兩邊，皆執法器。明妃左手托嘎巴拉碗，右手高舉持鉞刀，左腿勾在主尊腰間，呈單懸姿。主尊十六足，表示十六空，踩踏八種人、獸和禽，左展立於單層覆蓮臺座上。此像造型繁復，工藝難度較大。

1102 清康熙·夾紵宗喀巴像

QING KANGXI PERIOD, QING DYNASTY A LACQUER STATUE OF TSONGKHAPA

高：28cm

RMB: 100,000—120,000

夾紵亦作『夾紵』、『挾』、『幹漆夾』，早期之脱胎夾紵佛像大都爲人搜羅而去，流落國外，偶一所見，即屬珍品。此像表現的就是一尊標準的宗喀巴大師像。宗喀巴頭戴黄色的尖頂僧帽，又稱桃形尖帽，後來成爲格魯派僧人共同的形象標志。面相飽滿圓潤，慈眉善目，顯示了大師福德和智能的圓滿。身着交領式坎肩、僧裙和袒右肩袈裟，衣紋自然寫實，充溢着濃鬱的自然主義藝術氣息。衣緣上刻畫纏枝蓮紋飾，雕工遒勁有力，紋飾精致細膩。雙手當胸結説法印，手心各牽一蓮莖，花朵至肩頭盛放。結跏趺坐於蓮花寶座上，姿態端莊，威儀棣棣。蓮座造型寬大，上緣飾有一周連珠紋，蓮瓣寬大，頭部飾有立體狀卷雲紋，在寬大素樸的蓮葉托護中，顯得美觀齊整。整軀造型大方，形象莊嚴，工藝精細，鑄胎厚重，盡顯皇家藝術氣象，體現了清代康熙宫廷造像的鮮明特點。

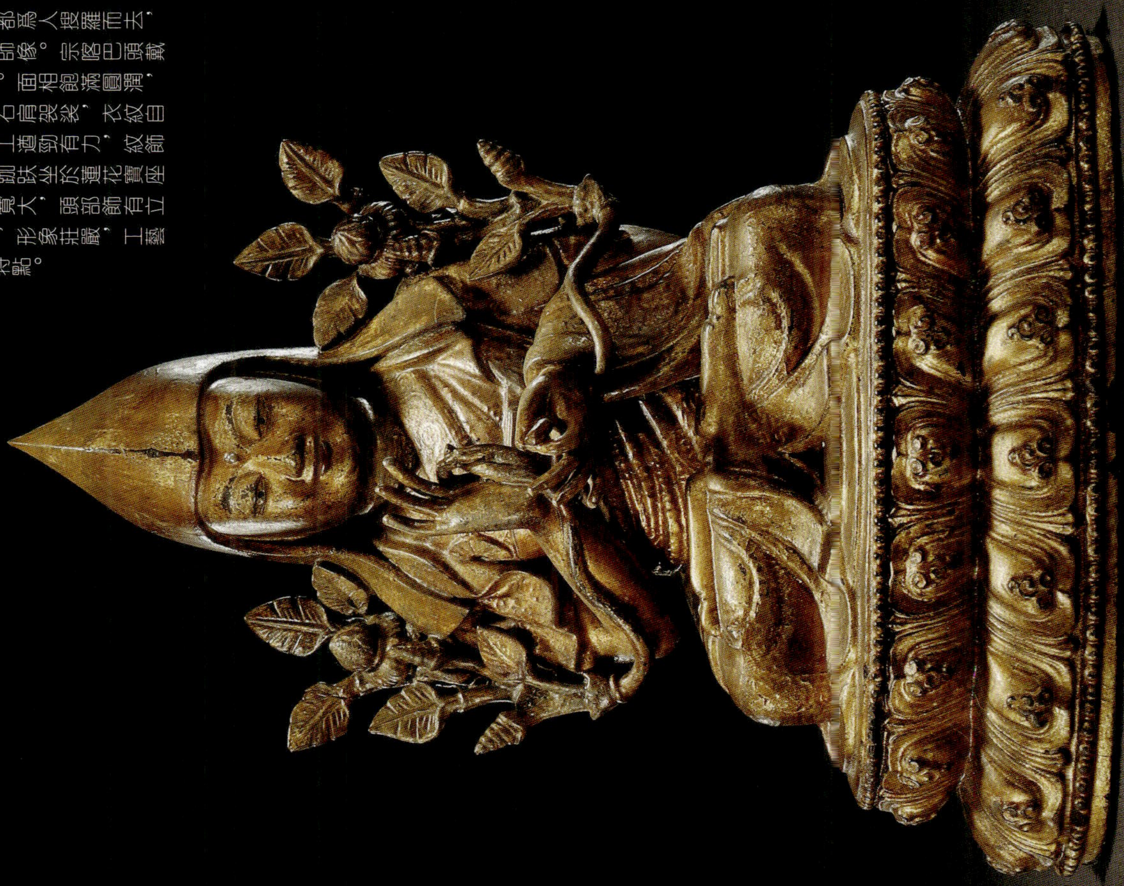

1103 十六世紀·合金銅扎巴堅贊像（嵌銀眼）

16TH CENTURY A COPPER ALLOY STATUE OF DRAGPA GYALTSEN

高：15cm

RMB: 50,000—70,000

此尊是薩迦派第三祖扎巴堅贊（1147-1216年），他于13歲時從兄長索南孜摩（1142-1183）法位，擔任薩迦寺寺主45年。他爲該寺的不斷發展壯大盡自己的職責，主持建造了薩迦舊寺大殿屋頂的佛殿，用金汁寫了大藏經甘珠爾部。

該上師面相方正，頜留絡腮胡，雙目嵌銀，炯炯有神，表示雙眉的兩綫連接在一起。全跏趺坐于蓮座之上，雙手于胸前結轉法輪印，各牽蓮莖，蓮花開于雙肩側，花芯分置金剛鈴、金剛杵，代表智慧與方便。雙手雙脚塑造得稚拙可愛。身上所穿交領僧衣與寬邊長袍是薩迦派“白衣三祖”的裝束，雲肩長袍上刻精美的纏枝蓮紋，背部雲肩下擺下有一株蓮花，彰顯上師的尊貴身份，衣服下擺自然垂落，散鋪于座面，衣褶厚重而有質感。蓮座滿飾雙層覆蓮瓣，修長，瓣尖凸起呈卷雲狀，上下各有一周連珠紋。整像工藝精細，比例合度，匠師以精湛的工藝塑造出一位睿智而剛毅的長者形象。藏文銘文題記出現在主尊背後的上層蓮座。轉寫：rje brtsun grags pa rgyal 'tshan la.bdag blo mchog shes nyen phyag 'tshal lo.

大意：我向具有殊勝學問的杰尊扎巴堅贊叩頭！該尊塑像可斷代到14-15世紀。

1104 十六世紀・合金銅鎖南堅贊像

16TH CENTURY A COPPER ALLOY STATUE OF SONAM GYALTSEN

高：16cm

RMB: 250,000—270,000

1105 十七世紀・姜子祥舊藏銅灑金壓經爐

17TH CENTURY A GOLD-SPLASHED BRONZE CENSER

Provenance: 1. Previously collected by Jiang Zixiang.
2. Lot 1521, Imporatnt Chinese Works of Art from the Collection of Jiang Family, Beijing Poly Auction, 2007

口徑：13cm 高：7cm 重：1686g

RMB: 500,000—600,000

據《宣德彝器圖譜》記載，壓經爐仿照宋瓷款式而製。名稱來源已不可考，據《宣爐小志》釋：『壓經，名不可考，式扁淺，兩耳有圈，三足列棋子狀，俗指爲焚香，可置佛經上，故稱壓經。未知何據。兼有素身無頭凹足較高者，俗名琴爐。一者舊者俱不多得。』壓經爐用於寺院禮佛，有高腳和低腳兩種，此件當爲後者。據《宣德鼎彝譜》記載：『賜內府佛堂及天下名山寺院低腳壓經爐』、『仿宋哥窑款式，高一寸七分，耳長八分四厘，環大六分二厘，足高一分三厘重七兩一錢，八煉洋銅鑄成，棠梨色共一百座。』此件造型莊重典雅，厚口平直微敞，鼓腹豐腴下垂。肩、腹兩側置圓耳，上肥下瘦，耳環上端有一角上翹。三乳足肥碩穩重，足底露銅處可見銅質之精密。內膛修磨，底心較平滑，器壁自口沿至腹部漸薄，皆符合官鑄篆書款爐工藝特徵。灑金亦稱『砂金漆』，是器物成後，二次加工而得，灑金爐中之上者，皮色溫潤，塊狀雪花金疏密分布，點綴自然，錯落有致，色澤燦爛，巧奪天工。爐底開框，方正規矩，內鑄『宣德年製』長腳篆書款，字體起綫較高，筆畫細窄，乃與爐身一體失蠟法鑄就，地平字峻，鑄後修磨，工整有度，官氣十足。

壓經爐之美，重在雙耳的力度及精神。方耳大氣，圓耳雅致，周身灑金，如祥雲朵朵，大小參差，厚實如嵌。赤光璀璨，奇彩蕩影，又恰秋夜之星空。真妙品也。

藏者簡介：姜子祥，民國初年即事業成功的上海工商業巨擘，『中華工業廠』和『大中華橡膠廠』的重要股東。那時的江浙財閥多爲儒商，實業之餘，兼爲海上重要收藏家。無論教育背景、生活習慣都是中西合璧的，但唯獨在收藏品味上則依然繼承文人收藏之大雅。北有張伯駒，海上龐虛齋亦是如此，已成爲民國時期特有的文化現象，從他們的藏品便可知曉。北京保利曾於2007年12月2日舉辦『海上沉香-姜子祥舊藏瓷器、宣爐、造像專場』，使海內外藏家得以窺見其收藏及儒雅的品味。

款識：宣德年製 四字篆書款。

來源：海上姜子祥舊藏，北京保利2007年《海上沉香》專場lot 1521，成交價537,600萬元。

1106 南宋・湖田窑水月觀音坐像

SOUTHERN SONG DYNASTY A PORCELAIN STATUE OF AVALOKITESVARA

高：20cm

RMB: 280,000—320,000

此件器物爲宋代湖田窑瓷水月觀音座像，湖田窑是景德鎮著名古窑場。是我國宋、元兩代各大制瓷規模最大，延續燒造時間最長、生産的瓷器最精美的古代窑場。觀音像頭戴花冠，面頰豐潤，雙目低斂，頭部微俯，形象慈和，着通肩式長袍，頗爲寫實。觀音盤坐于高臺之上，右手高拄靈石，左手倚放左膝之上，自然覆掌，右膝盤曲，身形瘦削，其身前盤結之瓔珞華麗繁復，爲南宋影青觀音典型特徵。相類觀音瓔珞最爲精致者，此件觀音儀態端莊，面容柔婉，造型典雅，其下山石座雖爲龍泉窑作品，有山石嶙峋效果，工藝精致。

宋代觀音造像世俗化的趨勢十分明顯，其服飾首飾亦有濃厚的時代特徵。此類造像風格貫穿各種媒介，石雕，木雕皆有互通之處，且流傳至元明之際。重慶大足石刻北山摩崖造像113號龕的南宋時期水月觀音像，從發冠至坐臺和此件此塑都有互通之處，另有上海博物館所藏一件青白瓷帶彩觀音，除坐姿，首飾和彩飾不同之外，與此件較之風格十分統一，見《中國陶瓷全集宋（下）》，上海人民美術出版社，2000年，編號202。此類觀音的坐臺可參考1978年江蘇省常州市出土的一件青白釉觀音坐像，其石崖坐臺和此件一樣，法器露胎，石崖施青白釉，可觀此類湖田窑作品裝飾的多元。

參閱：1.《[illegible]》，2016年，[illegible]。

2.《[illegible]》，1987年11月24日，編號16。

3.《[illegible]》，2005年11月8日，編號297。

1107 十一世紀・大理國護法像

11TH CENTURY A BRONZE STATUE OF GUARDIAN

高：10.5cm

RMB: 50,000—60,000

大理國（913~1253）相當於中原地區的五代至南宋元時期，以白蠻族爲政治主權，盛行佛教。大理國的疆域涵蓋了現今的雲南、貴州省，位處中國領土西南，建國者爲段思平，前朝爲南詔。大理國之盛世持續至13世紀中葉，直到元朝大蒙古國忽必烈皇帝『革囊渡江』，將之消滅。滅國之後，當地仍然由被元朝任命爲大理世襲總管的段氏所管理。

此尊大理國金剛手頭戴三葉冠，臉型長圓，雙眉緊蹙，二目圓瞪，呈忿怒相，呲牙闊口，容色堅毅。身體壯碩，造型比例合理。上身袒裸，衣褶飄帶刻畫剛勁有力，左手於胸前結期克印，右手高執金剛杵，左腿微屈，右腿抬起，底座遺失。因年代久遠金水磨損，原本的銅色更具古樸之美。工藝精美的大理國造像存世量并不多，此件護法像無論從造型、工藝來說都可算得上一件不可多得的精品。值得收藏。

1108 唐·銅净瓶

TANG DYNASTY A BRONZE HOLY-WATER VASE

高：24cm

RMB: 80,000—90,000

1109 宋·銅觀音菩薩立像

SONG DYNASTY A BRONZE STATUE OF AVALOKITESVARA

高：13.5cm

RMB: 120,000—140,000

此尊觀音開相慈藹，柳眉細眼。髮辮垂肩，胸飾瓔珞寶珠，手戴臂釧，左臂彎曲，握一净瓶。細腰豐臀，雙足開立，立於蓮花寶座之上。身着仙衣，半身外露，衣折以刀代筆，刻畫連貫，氣韵流暢，尤其是兩側繞肩帛帶更添仙逸之氣。整尊觀音面相豐圓，神態莊肅，法身姿態優美，肖似《簪花仕女圖》中婉約唯美的侍女形象，如凝望之，可感掙脱苦悶，化繁爲簡，怡神静心之境。

1110 五代・銅觀音立像

THE FIVE DYNASTIES A BRONZE STATUE OF AVALOKITESVARA

高：17.5cm

RMB: 200,000—250,000

觀世音菩薩於無量劫前，久已成佛，號正法明。但以悲心無量，慈誓莫窮，故復於十方世界，現菩薩及人、天、凡、聖等身，以施無畏，而垂濟度。《普門品》所謂：應以何身得度者，即現何身而爲説法。自觀音信仰以來，人們對觀音像就綿延不斷。宋代以前的觀音，無論是魏晋的秀骨清像，還是唐代的豐腴健美，面容皆莊嚴肅穆，細眉長眼，兩眼微閉，目光下視，雙唇緊閉，不苟言笑。一般一手持寶瓶，一手施無畏印或説法印，表示慈航普度，甘霖遍施，恩惠廣撒人間。此時菩薩爲佛陀協侍，因此多作站立像，極少坐。到宋代，觀音還是變的世俗化，多面帶微笑，和藹可親。坐姿數量大大增加，跏趺式、游戲坐式、安逸式多種多樣。

此件菩薩頭戴寶冠，束髮繒帶在耳畔打結，垂於頭部兩側。面相豐潤，長眉直鼻小口，雙目略下視，神態安詳。帔帛及裙采用圖案化的處理手法，多表現尖翹的衣角，雙手合於胸前。整尊觀音面相豐圓，神態莊肅，法身姿態優美，肖似《簪花仕女圖》中婉約唯美的侍女形象，如凝望之，可感掙脱苦悶，化繁爲簡，怡神静心之境。

111 清・木胎京造觀音坐像

QING DYNASTY A WOOD STATUE OF AVALOKITESVARA

高：51cm

RMB: 400,000—500,000

這尊京造木胎漆金自在觀音整體保存完好，臉龐圓而下收，雙目低垂，表情沈静安詳，流露出恬淡寧静與聰慧的神態，寬厚的胸廓，中收腰，典型的京工造像的風格。下身着僧裙，呈跏趺坐，右手施説法印，左手施禪定印。衣折綫條簡潔大方，疏密有致，做工規整，藝術感極爲强烈。

1112 十四世紀・銅鎏金阿閦佛

14TH CENTURY A NEPALESE STATUE OF AKSOBHYA

高：20cm

RMB: 150,000—200,000

『阿閦』爲梵語音譯，阿閦佛意譯爲不動佛、不動如來，是大乘經典中主持東方浄土妙喜世界的佛陀。爲五方佛之一。五方佛是佛教密宗崇奉的五位佛，佛經記載，大日如來爲教化衆生，化五方佛以代表五智：中爲毗盧遮那佛（大日如來）代表法界體性智；東方阿閦佛，代表大圓鏡智；南方寶生佛，代表平等性智；西方阿彌陀佛，代表妙觀察智；北方不空成就佛，代表成所作智。作爲金剛族諸神之主尊，大多數金剛忿怒尊被認爲是此尊的化現。

此尊阿佛造像與釋迦樣式相象。面相慈悲莊嚴。左手結禪定印，右手結觸地印。螺發，肉髻上飾寶珠；臉型呈上寬下窄的方圓形；寬展的額部雙眉高挑，雙目垂視，大耳垂肩，嘴角上翹面露微笑，有很强的寫實感。整體造型渾圓端正，比例均稱，結構合理。臂直腰挺，着極薄的右袒式袈裟；幾乎没有衣紋刻劃，衹在腿前露出袈裟下擺的聚褶，局部做裝飾花邊，服飾貼體簡潔，形象既莊嚴又親切。座前橫置金剛杵，爲阿閦佛標志。蓮座寬大，蓮瓣鼓滿，瓣尖微微上卷。整尊造像綫條挺拔洗練，造型俊秀大方，是典型受尼泊爾造像影響的14世紀西藏中部金銅佛像，可作爲佛像收藏的標準器。

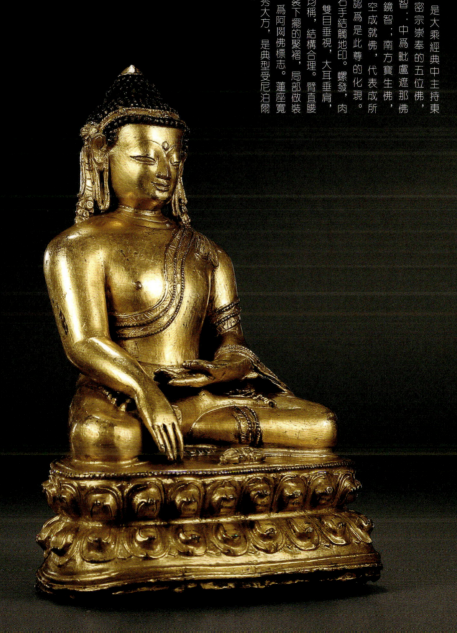

1113　十五世紀・銅鎏金祖師像

15TH CENTURY A GILT-BRONZE STATUE OF MASTER

高：12cm

RMB: 150,000—200,000

噶舉派形成於藏傳佛教『後弘期』，是由瑪爾巴譯師開創。噶舉派是藏傳佛教的重要的宗派之一。藏語『噶舉』中的『噶』字本意指佛語，而『舉』字則意爲傳承。故『噶舉』一詞可理解爲教授傳承。蔡巴噶舉是噶舉派四大支系之一。

此尊上師所塑造的可能爲該支系的創立者達波拉杰的再傳大弟子向蔡巴・尊珠札（1123-1194年）。其本名達瑪扎，二十六歲出家，改名尊珠扎。先後受學密咒教授、三摩地灌頂、製息術、拙、火定等。三十歲時，從貢巴楚臣寧波學習達波拉杰的密法『俱生和合法』，證得『真實義』。1175年，在拉薩東郊建立蔡巴寺，蔡巴噶舉由此得名而形成。後又在蔡巴寺附近建立貢塘寺。其門徒衆多，分頭建寺，使該派迅速發展。蔡巴地方政教勢力，曾聯合薩迦派等各地方勢力，共同抗衡帕竹噶舉勢力，最後敗北。之後蔡巴噶舉走向衰落。後來格魯派興起，將蔡巴寺和貢塘寺兩座蔡巴噶舉主寺兼并改爲格魯派寺院，蔡巴噶舉遂告斷絶。

此尊向蔡巴像，面相極具個性特徵，杏核眼，略尖的下巴，短髮，幾乎都成爲向蔡巴造像的標志性特徵。着袒右式福田袈裟，外披僧氅，鑄工精良。全跏趺端坐於臺座上，右手撫膝施觸地印，左手結禪定印。蓮座爲雙層仰覆式束腰設計，蓮瓣圓潤舒展，上下沿均飾一圈整齊排列的珍珠鏈式連珠紋，精致漂亮。

參閱：嘉德2015秋拍 梵韵——佛教藝術專場 2873。

1114 十八世紀・大日如來壇城唐卡 棉布礦物顏料

18TH CENTURY THANGKA OF THE SARVAVID VAIROCANA MANDALA

99×76.5cm

RMB: 200,000—500,000

壇城源于古代印度的密宗修法活動，那時的人們爲了防止"魔衆"的入侵，修密法時就在修法場地修築起一個圓形或者方形的土壇。壇城的外在意義，是指諸佛菩薩本尊安住的净土宫殿；内在意義，則是衆生心的清净相；净土宫殿正中央的本尊，就是衆生本來清净的佛性。在唐卡繪畫中我們經常看到的是以佛像爲主尊形式的唐卡，以壇城形式的唐卡不爲多見，而且五部壇城爲一體的唐卡更爲少見。此幅大日如來壇城屬格魯派修法唐卡，唐卡中央爲大日如來壇城，中部上爲三世佛（釋迦牟尼佛、長壽佛、阿彌陀佛），左上部爲格魯密乘之最的密集金剛壇城，右部爲文殊忿怒大威德金剛壇城。下部左邊爲長壽佛壇城，右邊爲藥師八如來壇城。左上部第一爲格魯派創始人宗喀吧大師，右邊第一人爲五世達賴像，左邊第二爲章嘉大師，右邊爲第四世班禪大師。左邊中部三爲尊勝佛母，右邊中部三位爲白度母。中部下方爲六臂瑪哈嘎拉護法。整體構圖嚴謹，色彩鮮艷，筆觸細膩，具有較高宗教審美價值。

注：明清兩朝都爲皇家寺院，目前寺院藏有兩朝皇帝御賜的印章。

1115 清早·銅押經耳爐

EARLY QING DYNASTY A BRONZE CENSER

Illustrated: *Selected Bronze Censers of the Ming and Qing Dynaties*, p. 23, Tianjing People s Fine Arts Publishing House, 2015

Exhibited: 'Selected Bronze Censers of the Ming and Qing Dynaties', Tianjing Museum, 2015

口徑：12.3cm 重：2847g

RMB: 220,000—250,000

《格物鏡原》所言：爐之制有辨焉，色有辨焉，款有辨焉，取其製式之美者，宜書室，登幾案，入賞鑒者，如魚耳爐。鰍耳爐……壓經爐，以上諸款皆上品賞鑒也。

此爐之形，端莊穩健，力度不凡，氣格高尚。平口厚實，鏨耳精對，頸部收束，鼓腹微垂，乳足高直，等距承爐。雪花金色，熟栗梨皮，光晶瑩徹，器底豐韵，款字居中，鈐『宣德年製』四字長脚篆書款，鑄後修剔，娟秀規整，法度嚴謹。原配荷葉器座，工藝精良，與爐身和諧一體，渾然天成。由朱明至盛清，壓經爐器形有所流變。此件爲方耳，棱角轉折明晰，凸起亦成方形，多流行于清代，風格不再是明之圓潤内斂，更體現國運昌盛之雄健姿態。壓經爐傳世至今者較多，帶底座者不常見。然本器銅製精良，爐體厚重，綫條精整，通體打磨，較比同類壓經爐做工更爲精良。鑒察爐底可見，三足位置等距，呈正三角形，與合頁座三孔對應精準，安放于底座，皆可隨意互換位置。爐與底座爲脱蠟法各行鑄造，達到如此精準之程度實屬不易，當爲上品。

此爐爲清三代四字篆書款銅爐，爲所見同類器物中之精品，歷經百年，原座留存完好，可謂難得。而此三足之對稱程度于四字款類銅爐中亦是工精藝佳，實乃宫廷鑄造之精品也。

參閱：（圖1）2017春北京保利國際拍賣有限公司，成交價1092500元。

出版：《吉金·明清銅爐特展》P23，2015年天津人民美術出版社出版。

展覽：吉金·明清銅爐特展，天津博物館2015。

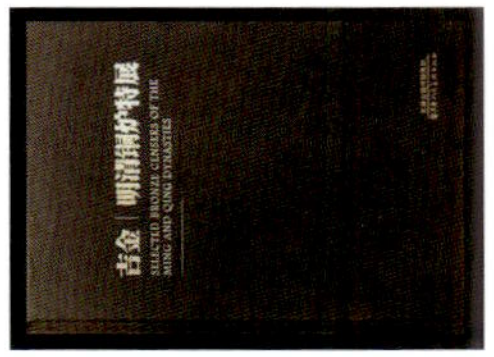

《吉金·明清銅爐特展》

圖1

1116 清・木胎京造釋迦坐像

QING DYNASTY A WOOD STATUE OF SAKYAMUNI

高：25cm

RMB: 200,000—250,000

此尊釋迦佛坐像爲清代中原地區京工造像風格。整像以木胎雕制，漆金于外，軀體渾厚，身披法衣，結全跏趺坐，左手執禪定印于臍前，右手持説法印于胸前。面相祥和，頭頂螺髮，面龐方圓豐頤，寬額高鼻，雙眉細長，雙目微閉俯視，嘴角含笑，兩大耳貼面下垂，神態莊重慈祥。衣紋采用内地傳統的寫實手法，有較强質感。上身内着僧祇支，外着雙肩袈裟，肩搭披帛，衣裏引出雙帶于胸前作蝴蝶結下垂。衣紋轉折起伏，自然流暢。整器造型敦實，比例匀稱，綫條流暢，動態舒展，值得珍之。

1117 清・木胎沙縣工天王立像

QING DYNASTY A WOOD STATUE OF BUDDHA'S GUARDIAN

高：57.5cm

RMB: 100,000—150,000

在佛教雕刻藝術中，天王作爲佛的護法神是常見的題材。此件天王頭戴寶冠，身披鎧甲，足踏戰靴，軀體厚實壯碩，雙手持兵器于胸前，衣袍飄揚飛動，形象威武剛健，威風凜凜。其面部塑造尤爲精彩，天庭飽滿，劍眉聳立，雙目炯炯有神，顴骨格外突出，下頜豐頤，神情莊嚴肅穆。整尊造像延續了宋元時期漢地造像的寫實之風，但在整體造型上比之更有氣勢，軀體渾厚，姿態昂揚，通體施金漆，體量碩大，爲清代福建沙縣風格造像中的極精之作。

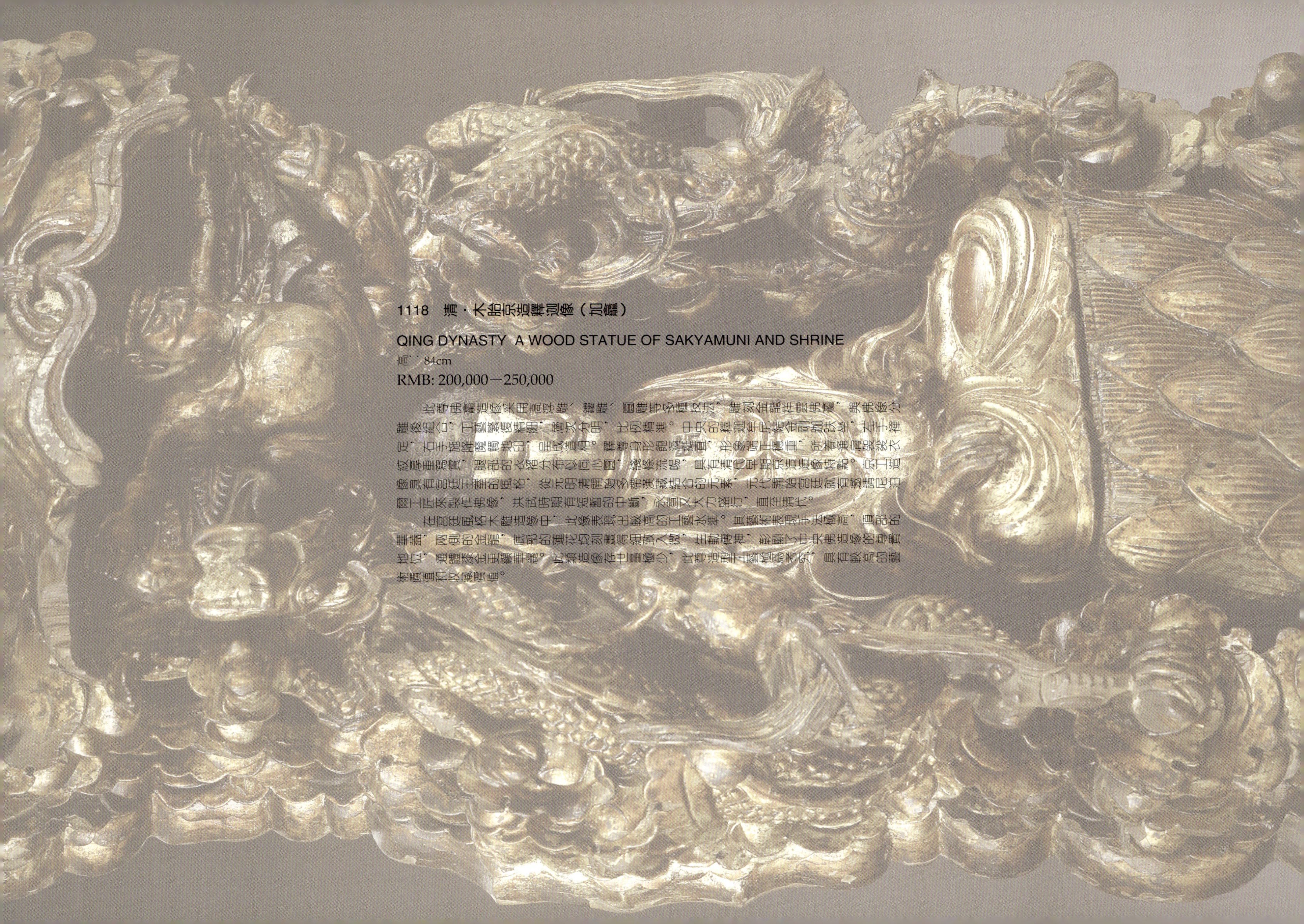

1118　清·木胎京造釋迦像（加龕）

QING DYNASTY A WOOD STATUE OF SAKYAMUNI AND SHRINE

高：84cm

RMB: 200,000—250,000

此尊佛龕造像采用高浮雕、鏤雕、圓雕等多種技法，雕刻金龍祥雲佛龕，與佛像分離後組合，工藝繁復精細，層次分明，比例精準。中央的釋迦牟尼結金剛跏趺坐，左手禪定，右手施降魔觸地印，呈成道相。釋尊身形飽滿挺直，形象端正穩重，所着通肩袈裟衣紋厚重寫實，腿部的衣褶分布似同心圓，綫條流暢，具有清代早期京造造像特點。京工造像具有宮廷王室的風格，從元明清開始多帶漢藏結合的元素，元代開始宮廷就有邀請尼泊爾工匠來製作佛像，洪武時期有短暫的中斷，永宣又大力盛行，直至清代。

在宮廷風格木雕造像中，此像表現出較高的工藝水準。其藝術表現手法極高，頂部的華蓋，兩側的金龍，底部的蓮花均刻畫得細致入微，生動傳神，彰顯了中央佛造像的尊貴地位，通體漆金更顯華麗。此類造像存世量極少，此尊造型工藝極為考究，具有較高的藝術價值和收藏價值。

1119 明・銅鎏金釋迦坐像

MING DYNASTY A GILT-BRONZE STATUE OF SAKYAMUNI

Illustrated: *Pureland from Piety: Selection of Chinese Ancient Buddhist Statues*, Zhejiang Museum, 2017

Exhibited: 'Pureland from Piety: Selection of Chinese Ancient Buddhist Statues', Gushan Branch, Zhejiang Museum, 2017

高：42cm

RMB: 400,000—500,000

造像表現的是釋迦牟尼頭戴寶冠的形象，俗稱寶冠佛。從三身角度來説是屬於報身佛，代表佛的内證功德，但也有從佛陀傳記的角度認爲頭戴寶冠是代表佛陀當王子時的造型，故稱釋迦牟尼王子像。釋尊螺髮肉髻，戴寶冠。寶冠佛是一種佛裝與菩薩裝的混合形式，爲法相上的特例，所以作品也相對少見。造像面龐圓潤豐腴，眼瞼微垂，雙耳垂肩，相容慈和端詳，展現出大徹大悟後的自在境界，具有很强的感染力。造像肩胸寬厚，腰部細斂。身披袒右式袈裟，内著僧裙，衣紋層叠有致，體現了漢地造像注重衣褶刻劃的傳統，頗具質感。衣緣於珍珠地上刻花卉紋飾。腿部裙褶略呈橢圓形，這是明代造像的慣用手法。釋尊左手於腹前結禪定印，右手施降魔觸地印。結金剛跏趺坐姿，下承仰覆式蓮花座，臺座上下均飾一周連珠，蓮瓣挺拔舒展，滿飾一周，瓣端飾卷草紋，延續了永宣造像的樣式。此像銅質致密細膩，包漿古樸厚潤。體現出皇室造像的莊嚴華貴，氣度非凡，且體量較大，品相上佳，具有很高的藝術價值和收藏價值。

出版：《虔生出净世——中國古代漢傳佛教造像精萃》，浙江省博物館，2017年。

展覽：「虔生出净世——中國古代漢傳佛教造像精萃」展，浙江省博物館孤山館區，2017年。

帕拉藝術之花

三水仓

帕拉王朝始建於公元750年，在公元8-12世紀主要統治東北印度的印度孟加拉邦和比哈爾邦。

帕拉王朝的疆域東起阿薩姆，西界克什米爾，南臨文迪耶山，北至喜馬拉雅山南麓。

然而，在1199年，伊斯蘭教勢力取代帕拉王朝在比哈爾的統治，而帕拉時代也成了印度佛教美術之花盛開的最後一個王朝。

後世惋惜着帕拉王朝的滅亡，更多地贊嘆着其輝煌藝術——時至今日，人們始終將帕拉王朝視作印度東部文化形成和發展的一個重要階段，這是佛教史上非常重要的一個篇章，其對後世的藝術風格都有着深遠的影響。

帕拉王朝的建立，及其藝術風格又是如何形成的呢?

公元750年，帕拉王朝民衆推舉哥帕拉（戈帕拉）做了統治者。哥帕拉賢明，積極安定亂局，逐漸形成了和平局面。因爲這個王朝是由他建立的，所以後繼各代的名字裏都帶有“PALA”，而帕拉在梵文中意爲“保護者”，帕拉王朝也便因此得名。

帕拉時期，印度正處於大國互相爭霸的局面，互有勝負，這類似於我國春秋戰國的形勢。

從（圖1）可見，其中比較大的三個國家：中印一帶是波羅提訶羅王朝（綠色）;南印從前一直是獨立的，此時則確立了較大的羅悉陀羅俱陀王朝（橙色）;東印孟加拉原屬金耳國的一帶，成立帕拉王朝（紫色）三個大國，各據一方。

（圖1）

而帕拉王朝在君王的英武賢明的統治下，果真像是受到庇佑一般，逐漸形成和平的局面。

著名的歷史學家SailendraNath Se也在他的“古印度歷史文明”（古印度歷史文明）一書中這樣評論道：“帕拉時代被認爲是孟加拉歷史的黄金時期之一”。

在其長達400餘年的統治期間，歷代君王都鼎力支持佛教及佛教藝術發展，從而使得佛教文化有關的藝術，如雕刻，繪畫，建築……都在濃厚而虔誠的氛圍推動下得到鼓勵和重視。

也因此，帕拉時期的佛教經典，藝術都對後世有巨大的影響。其中，孟加拉高僧阿底峽，也於1038年應邀赴西藏傳播佛教文化，爲西藏佛教文化的發展作出了重要貢獻。

觀自在菩薩

隨着佛教藝術品市場的逐漸升温，帕拉藝術終於在人們的不斷認識之下開始受到更多的關注。

此次西泠拍賣甄選的帕拉造像，也將這個曾經被“庇佑”的國度帶入我們的視野——帕拉藝術依然綻放。

蓮花手觀音在喜馬拉雅造像藝術作品中是一個典型的題材。觀音菩薩是諸佛菩薩的菩提心化現，是很久以前已成正等正覺的古佛，稱爲“正法明如來”。這件自在觀音正是無邊慈悲的幻化，他以自在坐姿端坐於盛放的蓮花臺之上，頭頂化佛，戴帕拉時期東北印度流行的三葉冠。

眼前的蓮花手觀音呈帕拉王朝的典型開臉，臉頰豐滿，嘴角微微上提，造像面相莊嚴，肢體語言豐富，神態活潑而富有神秘感，作品原始的氣質與神韵已經顯露出來。

眉毛尾端上揚而眼瞼低垂，唇綫清晰，下唇寬厚，下巴豐滿，呈現出印度人的典型相貌。耳際處冠結横出，髮辮上刻出縷縷髮絲，髮辮尾端卷曲，右手自然置於膝上結與願印，左手輕捻蓮花當胸結説法印——蓮花簡單而純粹，極富世俗情趣，對植物和花卉原型的模仿多用於造像藝術之中，爲古印度造像一大特徵。古印度民族喜愛從自然形態中提煉造型藝術，再以現實造型表現出來。蓮花手觀音左腿盤於蓮臺，右腿脚踏蓮花，舒展坐於蓮花座上，律動出三折式的優美姿態。

經由千百年前的工匠刻劃得生動寫實的觀音造像，身體健壯，腰部緊收，臍窩深陷，小腹柔軟而富有彈性，頗有早期笈多造像的典雅之風。

人物極具張力，似將整個乾坤撐開，猶如心懷寬廣而包羅萬象，勃勃綻放的蓮花拔地而起，將生命的活力展現得淋灕盡致。而底部顆顆落地珠扎實渾厚的排列着，這便是帕拉王朝的自信。

帕拉王朝作爲印度佛教最後的守護國，大量作品在後笈多藝術的基礎上融入了更多的密教元素，同時也會融入由印度各地來此取經學道的教徒帶來的不同地域的文化藝術。從這件作品之中可以得見，觀音的身體延承自笈多時期造像的飽滿，而蓮座所裝飾的連珠紋則源自波斯的傳統紋飾，顆顆飽滿而圓潤，見證了過往中亞往來的文化互通。

整體由合金黄銅鑄成，銅質凝練而技藝精湛，沿着帕拉的目光延伸，這個時代的藝術以其獨有的張力與榮耀的自信在歷史長河中奏響了熠熠樂章。

整體合金黄銅，作品由黄銅鑄造，瑩潤光潔，典雅殊勝;鑄造技藝精湛，加工手法嫻熟，包漿豐潤，是帕拉造像藝術中代表性作品。

帕拉收藏正當時

那麽，近年來帕拉藝術的市場究竟如何讓我們一起來看一下：

2015年，國内中貿聖佳秋拍上，一尊王世襄先生舊藏的高12.5厘米“11-12世紀帕拉王朝珍稀雙色銅合鑄釋迦牟尼佛成道像”，以2990萬的最終成交價爲國内藏家結緣後，帕拉時期的造像便逐漸成爲了人們所關注的熱門話題。

而隨着衆多國際學者深入印度地區的考古探索，和不斷推陳出新的研究報告，帕拉藝術品逐漸擁有國際性的堅實收藏和市場背景。

事實上，無論從國際還是國内的二級市場而言，帕拉時期的造像一直都有着不凡的價格表現。

十年前，國内藏傳佛教藝術市場初建雛形之際。

北京瀚海2007年秋拍的一件高14.5厘米，11世紀帕拉蓮花手菩薩，以302.4萬人民幣的成交價格爲國際大行JulesSpeelman（朱爾斯·斯佩爾曼）購買。足以得見早在10年前，國際重要古董商對帕拉藝術品的重視，如今Speelman依然悉心構建着他的帕拉藝術品體系。

而他所收藏的帕拉造像，也在今年初展覽於德國的世界文化遺產——弗爾克林根鋼鐵廠這場展覽匯聚了全球範圍數量相當的重要藏品。

通過對全球重要帕拉藝術拍品的整理，我們發現在2011年3月的紐約亞洲藝術周上，蘇富比紐約拍賣曾上一件14.6厘米的帕拉文殊造像以近210萬美金（約合1380萬人民幣）成交。

而現在，這件文殊造像依然被借展在紐約大都會博物館，其重要性自然不言而喻。這早已是帕拉藝術市場發展的風向標，衹是相隔數年後才逐漸在國内藝術品市場發酵開來。

時至2017年的3月，依然是紐約亞洲藝術周。

出自國際藝術品大鱷埃斯凱納齊的舊藏，一件高近一米五（1.48米）的帕拉王朝黑石世尊觀音在佳士得紐約以2180萬美元（約合人民幣1.7億元）的價格成交，創下印度工藝精品的世界拍賣紀録。這件藏品最終被美國芝加哥重要藏家購入收藏。

以上列舉的當然衹是近十年來不同時期，帕拉造像在拍賣市場中具有代表性的幾件拍品。

除去那件等人高度的黑石帕拉，其餘出現在國内外拍場的帕拉金銅造像幾乎都在15厘米以内，這些造像同樣在二級藝術品市場取得了不俗的成交紀録——

如2016年春拍華藝拍賣的兩件帕拉造像，9.8厘米騎獅文殊菩薩和9.7厘米四臂觀音分别以近466萬和207萬成交;而在2017年年的秋拍，古天一一件10.8厘米的釋迦牟尼佛以356.5萬成交。

由此，我們不難發現：無論國内外的藏家，古董商，還是博物館，機構，都對帕拉藝術情有獨鐘。

當然，隨着對帕拉藝術品認知和理解的加深，其藝術價值也越來越得到市場的重視與肯定。

1120 十二世紀・合金銅蓮花手觀音坐像

12TH CENTURY A COPPER ALLOY STATUE OF AVALOKITESVARA

高：10.3cm

RMB: 300,000—500,000

1121 九世紀・青銅斯瓦特佛坐像

9TH CENTURY A BRONZE STATUE OF BUDDHA

高：8.3cm

RMB: 160,000—220,000

斯瓦特造像藝術的起源屬於今天巴基斯坦的斯瓦特河谷地區。二十世紀五六十年代意大利考古學家在此地發掘出造像，發現其風格一致，明顯承襲了犍陀羅造像藝術的遺風，又存在着某種獨具一格的差异。它成爲造像藝術中心，除了靠近犍陀羅而深受長達幾個世紀的影響和該地區經濟繁榮所提供的物質保證外，還有蓬勃發展的宗教原因。

此尊斯瓦特造像藝術的風格明顯，是成熟期的造像藝術的産物。造像整體藝術風格氣勢磅礴，細膩圓融，莊嚴靜穆。這種皆具雕塑風格性的特徵足以顯示了當時斯瓦特造像藝術的成熟時期所産生的造像藝術的魅力。在承繼了犍陀羅造像藝術的精華，斯瓦特藝術逐漸發展出了獨具特色造像風格，這種風格的重要性即體現了其最早以銅爲載體的造像的出現，在世界雕塑造像藝術史上有空前的重要意義。造像呈跏趺姿態坐於寬厚混闊且圓融飽滿的蓮花座上，造像同樣顯出了博大圓融的雕塑氣勢，整體觀來靜穆高尚，體現了當時藝術創造者在通過造像藝術的深邃而精準的傳達了佛教内涵對世人的照攝力量。造像頭部圓實，髮髻華麗細膩的刻畫，把簡練華滿的面部烘托爲入人眼簾的主要視點，足見雕塑製造藝術的高妙之處，五官刻畫飽滿而清晰貼切的刻畫，傳神而自然的眼神是對觀者的一種觀照。收斂而内蘊的唇部，顯露的微笑，一種祥慈之美自然流露，可見雕塑師的高超表現。頸帶珠圈，自然貼體，在平實的軀體上略顯裝飾的美感。與腕部的裝飾相互照應。袒露的上身及雙臂都呈柱狀圓實的雕塑美。左手持蓮花，右手掌部紋路清晰。腹部的微微起伏與衣裙的褶皺有一種律動的美感，坐姿端詳穩重。蓮花座簡潔而宏壯闊麗。整體觀來，此尊造像藝術足以涵括斯瓦特造像藝術的藝術精華所在，是當時造像藝術成熟時期所出現的極具代表性的造像藝術，其在斯瓦特造像藝術史上乃至世界造像藝術的風格與藝術性都具有典型的意義。

1122　九世紀・合金銅彌勒坐像

9TH CENTURY　A BRONZE STATUE OF MAITREYA

高：11.5cm

RMB: 450,000—650,000

斯瓦特，合金銅

斯瓦特造像藝術的起源屬於今天巴基斯坦的斯瓦特河谷地區。二十世紀五六十年代意大利考古學家在此地發掘出造像，發現其風格一致，明顯承襲了犍陀羅造像藝術的遺風，又存在着某種獨具一格的差异。它成爲造像藝術中心，除了靠近犍陀羅而深受長達幾個世紀的影響和該地區經濟繁榮所提供的物質保證外，還有蓬勃發展的宗教原因。，此尊斯瓦特造像藝術的風格明顯，是成熟期的造像藝術的產物。造像整體藝術風格氣勢磅礴，細膩圓融，莊嚴靜穆。這種皆具雕塑風格性的特徵足以顯示了當時斯瓦特造像藝術的成熟時期所產生的造像藝術的魅力。在承繼了犍陀羅造像藝術的精華，斯瓦特藝術逐漸發展出了獨具特色造像風格，這種風格的重要性即體現了其最早以銅爲載體的造像的出現，在世界雕塑造像藝術史上有空前的重要意義。造像呈跏趺姿態坐於寬厚渾闊且圓融飽滿的蓮花座上，造像同樣顯出了博大圓融的雕塑氣勢，整體觀來靜穆高尚，體現了當時藝術創造者在通過造像藝術的深邃而精準的傳達了佛教内涵對世人的照攝力量。造像頭部圓實，髮髻華麗細膩的刻畫，把簡練華滿的面部烘托爲入人眼簾的主要視點，足見雕塑製造藝術的高妙之處，五官刻畫飽滿而清晰貼切的刻畫，傳神而自然的眼神是對觀者的一種觀照。收斂而内蘊的唇部，顯露的微笑，一種祥慈之美自然流露，可見雕塑師的高超表現。頸帶珠圈，自然貼體，在平實的軀體上略顯裝飾的美感。與腕部的裝飾相互照應。其薄衣貼體，u型波紋綫條流暢，優美，左手持寶塔，右手施與願印。腹部的微微起伏與衣裙的褶皺有一種律動的美感，坐姿端詳穩重。蓮花座簡潔而宏壯闊麗。整體觀來，此尊造像藝術足以涵括斯瓦特造像藝術的藝術精華所在，是當時造像藝術成熟時期所出現的極具代表性的造像藝術，其在斯瓦特造像藝術史上乃至世界造像藝術的風格與藝術性都具有典型的意義。

參閱：（圖1）2016秋邦瀚斯拍賣行成交價3180000港幣。

圖1

1123 十一世紀·印度帕拉文殊菩薩坐像

11TH CENTURY A BRONZE PARA-STYLE STATUE OF MAITREYA

高：16.5cm

RMB: 300,000—350,000

整器爲一尊主佛端坐于盛開的蓮花座之上，右邊爲馭獅人，左邊爲黄財神，三尊形象各异的人物置于蓮臺座上，比例和諧，内容豐富。佛像衣飾簡潔，菩薩體態婀娜多姿，優美動人，上身披一條聖帶，脖子挂項圈，項圈上有綴飾，下身圍短裙。由于造像衣質薄透，飾物簡潔，將結實健壯，豐滿扭動的軀體完全顯露出來，極富動感和肉感。

主尊文殊菩薩（肩花遺失）右邊爲御獅人國王，左邊爲黄財神，這種三人的組合是原始佛教中的一種組合，流傳至漢地後變成騎獅的文殊菩薩、馭獅人于闐國王、善財童子的組合。文獻中，北宋清凉山大華嚴寺壇長妙濟大師延一重編《廣清凉傳》『菩薩化身爲貧女』條：大孚靈鷲寺者，九區歸響，萬聖修崇，東漢肇基，後魏開拓。不知自何代之時，每歲首之月，大備齋會，遐爾無間，聖凡混同。七傳者，有貧女遇齋赴集，自南而來，凌晨届寺，携抱二子，一犬隨之，身餘無貲，剪髮以施。未遑衆食，告主僧曰：『今欲先食，遽就他行。』僧亦許可，令僮與饌，三倍貽之，意令貧女二子俱足。女曰：『犬亦當與。』僧勉强復與。女曰：『我腹有子，更須分食。』僧乃憤然語曰：『汝求僧食無厭，若是在腹未生，曷爲須食。』叱之令去。貧女被呵，即時離地，悠然化身，即文殊像，犬爲獅子，兒即善財及于闐王。五色雲氣，靄然遍空。因留苦偈曰：『苦瓜連根苦，甜瓜徹蒂甜，是吾起（超）三界，却彼（被）可（阿）師嫌。』菩薩説偈已，遂隱不見。在會緇素，無不驚嘆。

各佛像整體身姿皆呈Z字形扭動，面相大眼厚唇，眼神深邃，神態威嚴，蓮座樣式及背部的打磨仔細，令人愛不釋手，帕拉佛像多以單件器物爲主，此件帕拉組佛中各形象均刻畫精細，殊爲難得，實乃一件不可多得之帕拉風格組合造像精品。

參閲：（圖1）2016秋北京東正拍賣有限公司 成交價851000元。

圖1

1124 十二世紀·合金銅帕拉風格財神像

12TH CENTURY A COPPER ALLOY PARA-STYLE STATUE OF YELLOW JAMBHALA

高：10.6cm

RMB: 200,000—300,000

黄財神，藏名藏巴拉，是藏傳佛教各大教派普遍供養的五姓財神之一，爲諸財神之首。因其身相金黄，故稱其爲黄財神。爲令密乘行者由貧財弘法利生，不被生活所逼，可安心向道，特賜予行者財利豐足。修持黄財神法，持誦其密咒，可消滅六道窮苦，增長福德、壽命、智能，以及一切物質與精神上的受用，財源茂盛，免除貧窮。

此黄財神頭戴小三葉冠，髮髻如塔狀高聳，扇形冠結横出，大眼直鼻厚唇，五官刻畫清晰，具印度人特點。軀體健壯飽滿，四肢粗壯有力，袒胸露腹，胸前挂長鏈，帔帛繞臂而下。左手握吐寶鼠，右手持布拉嘎如意寶，游戲坐於高臺蓮花座上，右脚下踏一寶瓶。蓮座華麗精美，上沿飾一周連珠紋，覆蓮瓣寬平規整，使主尊更顯高大尊貴。造像合金銅質地細膩，因久經歲月而顯得古樸潤澤，爲典型的十二世紀東北印度造像。印度帕拉王朝造像以生動的造型，華麗的配飾而自成一格，此像具有一定的代表性，且造像小巧精致，便於隨身供奉，值得珍視。

1125 十一世紀·印度帕拉銅文殊菩薩坐像

11TH CENTURY A BRONZE PARA-STYLE STATUE OF MANJUSRI

高：9.6cm

RMB: 200,000—250,000

帕拉造像，普遍没有太過華麗繁復的裝飾，即使是菩薩衣飾亦是極爲簡潔的。一如本尊，周身裝飾僅上身披一條嵌銀聖帶。髮髻魏峨高聳，銅鑄像身氧化比較嚴重，顯示出歷史滄桑感。白毫凸起，雙目圓睜，雙目與白毫均嵌銀裝飾，極爲醒目。下身着綢裙，腰間系帶束於身後。右舒坐於吼身，吼下承雙層蓮座。蓮花自蓮座左側面順體蜿蜒而上，齊肩綻放（部分蓮花跌）。蓮座右側另有一跪姿供養人，蓮座上下緣均飾大顆粒狀連珠紋。整像造型優美生動，是具有較高藝術價值。

參閲：（圖1）2016年華藝國際春拍類似一尊同一時期騎吼觀音拍出人民幣465.7萬。

圖1

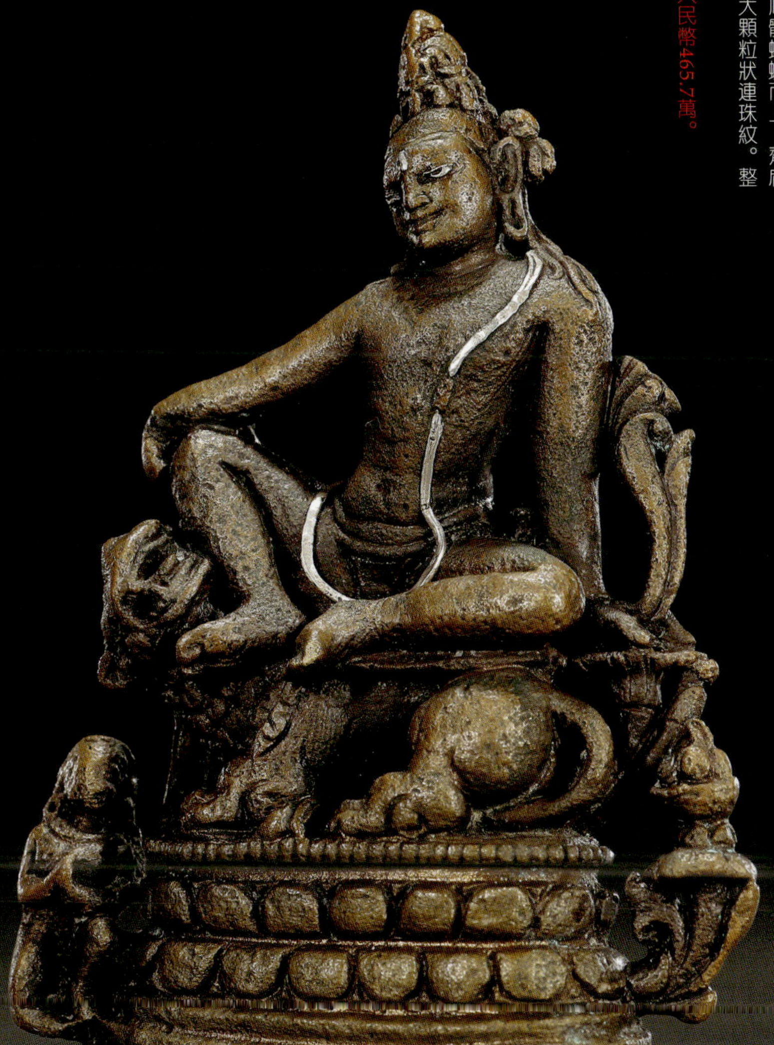

1126 清早·銅橋耳三足爐

EARLY QING DYNASTY A BRONZE TRIPOD CENSER

Illustrated: Selected Bronze Censers of the Ming and Qing Dynaties, p. 23, Tianjing People's Fine Arts Publishing House, 2015

Exhibited: 'Selected Bronze Censers of the Ming and Qing Dynaties', Tianjing Museum, 2015

口徑：13.5cm 重：3579g

RMB: 220,000－250,000

橋耳爐式亦脫胎自宋代名窑之瓷器，《宣德彝器圖譜》卷一八亦有「補鑄橋耳三足大乳爐」之記載。在衆多傳世宣爐種類中，橋耳爐數量較少，且不常見。此爐之形，橋耳乳足，古樸和諧，沉穩有致。束頸鼓腹，口略微外侈，虎眼橋耳，尤爲珍惜，三足較長而壯碩，栗殼皮色，鑄後精修「宣德年製」四字長腳篆書款。原配荷葉器座，工藝精良，與爐身和諧一體，渾然天成。

參閱：（圖1）中國嘉德香港2017春拍成交價470997元。

出版：《吉金·明清銅爐特展》P23，2015年天津人民美術出版社出版。

展覽：吉金·明清銅爐特展，天津博物館2015。

《吉金·明清銅爐特展》

圖1

1127 宋·玉雕觀音擺件（帶原黑石座）
SONG DYNASTY A JADE STATUE OF AVALOKITESVARA AND ORIGINAL
BLACK STONE BASE
连座高：14cm 净高：11cm
RMB: 400,000—600,000

1128 遼・青銅觀音坐像

LIAO DYNASTY A BRONZE STATUE OF AVALOKITESVARA

高：12.8cm

RMB: 150,000—200,000

觀音跏趺坐大蓮座上。兩臂與身軀分鑄，故易脫落散失，頭上冠飾亦殘缺，甚可惜。眉目婉好，衣裙瓔珞皆精美。缺失并不能損其藝術價值。

參閱：王世襄舊藏。

王世襄先生舊藏“遼銅觀音坐像”

1129　清·銅蕃人伏虎羅漢像

QING DYNASTY　A BRONZE STATUE OF MAITREYA

Illustrated: *Pureland from Piety: Selection of Chinese Ancient Buddhist Statues*, Zhejiang Museum, 2017

Exhibited: 'Pureland from Piety: Selection of Chinese Ancient Buddhist Statues', Gushan Branch, Zhejiang Museum, 2017

高：28cm

RMB: 120,000－150,000

拍品碩大，銅質精粹，沉甸至極。整體鑄成蕃人伏虎狀，雄虎成馴服狀，趴伏在蕃人腳下。側回首，雙目圓睜，開口露利齒，氣勢汹汹。尾部及腿際鬃毛隨風飄展，雕刻入微，絲絲畢現。胡人深目高鼻，怒目圓瞪，頭頂羅漢發箍，身着蕃服，腳踏長靴，動感十足。

蕃人伏虎羅漢像題材稀少，從造型上看應是乾隆年間所做，尺寸巨大工藝精湛，以蕃人形象入工藝品裝飾始于唐而盛于唐，其後減少，及至明代中晚期，隨着中西貿易往來的復蘇，工藝品中又開始出現蕃人形象。爲當時社會繁榮昌盛、萬邦來朝的現實反映，寓意國力強盛、天下太平。

出版：《虔生出净世—中國古代漢傳佛教造像精萃》，浙江省博物館，2017年。

展覽：「虔生出净世—中國古代漢傳佛教造像精萃」展，浙江省博物館孤山館區，2017年。

1130 乾隆・燒古觀音

QIANLONG PERIOD, QING DYNASTY A BRONZE STATUE OF AVALOKITESVARA

Illustrated: *Pureland from Piety: Selection of Chinese Ancient Buddhist Statues*, Zhejiang Museum, 2017

Exhibited: 'Pureland from Piety: Selection of Chinese Ancient Buddhist Statues', Gushan Branch, Zhejiang Museum, 2017

高：35cm

RMB: 300,000—400,000

出版：《虔生出净世—中國古代漢傳佛教造像精萃》，浙江省博物館，2017年。

展覽：「虔生出净世—中國古代漢傳佛教造像精萃」展，浙江省博物館孤山館區，2017年。

1131　明・木胎關公立像

MING DYNASTY A WOOD STATUE OF 'GUAN YU'

Illustrated: *Pureland from Piety: Selection of Chinese Ancient Buddhist Statues*, Zhejiang Museum, 2017

Exhibited: 'Pureland from Piety: Selection of Chinese Ancient Buddhist Statues', Gushan Branch, Zhejiang Museum, 2017

高：122cm

RMB: 600,000—800,000

關羽一生忠義勇武，忠貞不二，歷代帝王均將關羽當做『忠義』化身，由侯而王，旋而進帝，最後被尊爲武聖人而受世人崇拜。關公在漢傳佛教中被奉爲伽藍菩薩，即寺院和守護城關的神。藏傳佛教則認爲他是密宗護法赤東贊的化身，道教尊之爲關聖帝君，并賦予司財的職能，被尊爲武財神。關羽爲儒、釋、道三教崇信，被尊爲戰神、財神、文神、農神，全方位的萬能之神，爲歷代統治者和百姓萬民所共仰，這種受到不同階層、不同宗教崇拜的古代人物頗爲少見。關公的封誥歷朝不同，但有兩個統一的評價貫徹始終，那就是『勇』和『義』，這也是關公像廣受崇祀的原因之一。

此尊關公造像膀闊腰圓，面龐方闊，眉眼上挑，濃眉交蹙，鳳目微合，挺鼻豐唇，飽滿威儀。留有五綹長髯，美須垂胸，左手輕捻長髯，氣宇軒昂，儀態威嚴。刻畫生動，低垂的雙目和倒立的劍眉顯露出一派威嚴和正氣。關公頭戴寶冠，身披戰袍，内着甲胄，足蹬雲頭高靴，形象威武彪悍。腹、腿皆用鱗甲覆蓋，手腕、足腕配有護套。右臂向後手握大刀，左臂舉起捋須。儀態氣宇軒昂，于静謐中透出威嚴。頭冠、衣飾、鎧甲雕刻的精細入微，且頗爲寫實，不同于傳統造像的程序化處理。衣紋刻畫簡括自然，肘部衣袖隨風飄起，戰袍在雙腿間自然下垂，整體姿態雄健有力，體現了我國傳統對關公的崇拜敬仰之情。雕刻工藝精湛，紋飾層次飽滿，圖飾精美細致，甲胄紋理清晰，刻畫精細，繁而不亂，層次分明，具有極强的立體感。木雕造像因爲是雕刻而成，相比其他材質更加富有生命力與靈性，然而保存不易，存世量少，該像雕刻工藝精湛，紋飾層次飽滿，繁而不亂，爲一件難得的傳神之作。

參閱：2013年春北京翰海拍賣有限公司 2871 成交價299萬。

出版：《虔生出净世—中國古代漢傳佛教造像精萃》，浙江省博物館，2017年。

展覽：『虔生出净世—中國古代漢傳佛教造像精萃』展，浙江省博物館孤山館區，2017年。

1132 明・夾纻韋馱立像

MING DYNASTY A LACQUER WOOD STATUE OF SKANDA

Illustrated: *Pureland from Piety: Selection of Chinese Ancient Buddhist Statues,* Zhejiang Museum, 2017

Exhibited: 'Pureland from Piety: Selection of Chinese Ancient Buddhist Statues', Gushan Branch, Zhejiang Museum, 2017

高：69cm

RMB: 300,000—450,000

韋馱，是印度梵語音譯，正確譯爲「塞健馱」，真正身份是帝釋天，爲佛教主要護法神之一，神格尊階極高，原是南印度婆羅門戰神，最早進入大乘佛教殿堂時，爲南方增長天王的八大神將之一，居四大天王三十二神將首位，後來轉變成四大天王部屬。《大慈恩寺・藏法師傳》卷十有載，唐代道宣大師，夢中見此神衹自稱「弟子是韋將軍，諸天之子，主領鬼神，如來欲入涅盤，敕弟子護持贍部遺法。」賢劫千佛中，將爲最後一位佛，名號爲樓至佛，往昔因地爲法意太子時，曾發願在成佛前爲密迹金剛力士。以其本願故，示現護法相。韋馱菩薩早在寶華琉璃佛會上成道，號「普眼菩薩」。另在釋迦佛會上名「真童身菩薩」。由此可見，韋馱地位極高，是一位具有獨特內涵的護法。

夾纻漆器源於春秋戰國時期，歷史悠久。夾纻漆器的主要成分由天然生漆、天然纻布及瓦灰等組成，其製作工藝是漆藝中最復雜、難度最高的一門手工藝。亦作「夾紵」、「挾」、「幹漆夾」，即古書中所稱「內脫法」，爲佛造像技法之一。

此尊韋馱采用金漆夾纻工藝，用漆塗裹纻麻布後漆金而成。頭戴鳳盔，身披鎧甲，兩肩腹部，加飾獸頭，外裹錦袍，腰系扎帶，足踏戰靴，立於祥雲座之上。左手撐金剛寶杵於地，右手叉腰，衣袍飄揚飛動，挺胸收腹，軀體厚實壯碩，形像威武剛健，盡現剛毅力量。天庭飽滿，鼻梁挺直。側首遠眺，目光堅毅、眼神深邃，體現慈悲與智慧的完美結合；外表穿着雖是武將形像，面相特徵却帶有慈眉善目、温雅微笑、智勇雙全的善相守護神衹形象。

出版：《虔生出净世——中國古代漢傳佛教造像精萃》，浙江省博物館，2017年。

展覽：「虔生出净世——中國古代漢傳佛教造像精萃」展，浙江省博物館孤山館區，2017年。

1133 十六世紀・合金銅彌勒坐像

16TH CENTURY A COPPER ALLOY STATUE OF MAITREYA

高：16cm

RMB: 30,000—50,000

彌勒是釋迦牟尼佛的補儲，現爲兜率天的菩薩，未來世將誕降成佛。這種雙重身份使其兼具佛裝與菩薩裝兩種形象。此尊爲佛裝彌勒。全跏趺坐，雙手當胸結説法印。螺結細密，肉髻圓隆，寶珠頂嚴。寬額豐頤，彎眉與鼻脛相連，眼瞼曲綫優美。特别是彌勒的神態，慈祥大睿，體現出智善合一的佛性。身着袒右肩袈裟，右肩覆搭衲衣邊角。仰覆蓮瓣圓潤舒展，整像運用內地寫實技法，權量合度，妙相莊嚴。銅質冶煉精密，器壁厚實謹嚴，是一件難得的造像藝術佳品。

1134　十八世紀・銅鎏金十一面觀音立像

18TH CENTURY　A GILT-BRONZE STATUE OF ELEVEN-FACED AVALOKITESVARA

高：27cm

RMB: 30,000－50,000

十一面八臂觀音菩薩雙足站立於蓮花寶座之上。十一面，層迭高聳，面龐與五葉花冠相隔排列，緊而不亂。主二臂於胸前雙手合十施禮敬印，左右兩側三手原持有法器，現已佚。冠的五葉呈平板狀，排列規整，製作精致，具有明顯的時代特徵。十一面造像共分五層。下三層爲三面，正面是見到行善衆生生出的慈悲歡喜相；左三面是見到行惡衆生生出悲心的大悲救苦相；右三面是見到淨業衆生生出的贊嘆相；第四層爲使善惡雜穢衆生改惡向善而現出的暴笑相，正前方最高處是阿彌陀佛的頭像，爲修大乘的衆生所作的説法相。上身袒露，佩瓔珞釧環，腰系束帶，下身着長裙，裙褶呈扇形飄拂。

1135　十三世紀・合金銅彌勒坐像

13TH CENTURY　A COPPER ALLOY STATUE OF MAITREYA

高：15.5cm

RMB: 90,000—110,000

彌勒菩薩是釋迦牟尼佛的繼任者，將在未來娑婆世界降生成佛，成爲娑婆世界的下一尊佛，在賢劫千佛中將是第五尊佛，常被尊稱爲當來下生彌勒尊佛或彌勒佛。一般圖像學上，彌勒主要依據所著衣飾分爲兩類：一者，着佛裝之彌勒佛。二者，着菩薩裝之彌勒菩薩，本尊造像屬於後者。彌勒菩薩區别於其他尊神的特徵主要體現在坐姿上。自隋唐以降，無論是彌勒佛還是彌勒菩薩，工匠在製作時通常將其表現爲善跏趺坐的特殊坐姿，其端坐於座上，兩腿自然下垂，以其作爲迎接世人往生兜率净土和下生成佛的特有標識。

造像通體以紅銅鑄造，菩薩一面二臂，面容静謐，嘴角微頷，色彩雖然斑駁但仍可明顯看出有塗金痕迹，給人以慈祥静寂之感。彌勒菩薩上身袒露，兩手當胸結説法印，表示正在兜率天宫傳授妙法教義。下身着長裙，裙邊直至脚踝，腿上分布着七道裙紋，裙邊在脚踝兩側向外散開，充盈飄逸之感。這尊彌勒菩薩從工藝水平、品相、裝飾、銅質、年代各方面均屬較高水平。根據其冠飾、身體比例、銅質分析來看，應屬西藏地區13世紀左右的造像作品。

1136 十四世紀・合金銅金剛薩埵坐像

14TH CENTURY A COPPER ALLOY STATUE OF VAJRASATTVA

高：20cm

RMB: 150,000—190,000

金剛薩埵，密教諸金剛持中位居第六，被認爲是一切密法持有者，在繁雜的密宗修軌中，其常常作爲『本初法源』出現。在本尊法中，金剛薩埵是懺悔消業之唯一主尊，修者做甚深觀想，口誦『百字明咒』，金剛薩埵聖尊即化爲無量光明與甘露融入修者心間，身口意諸罪如毒霧污水般流出，消失殆盡。隨着金剛乘佛教的發展成熟，金剛薩埵的圖像逐漸被確定下來，正如眼前這尊造像所表現的：主尊頭束高髮髻，頂飾牟尼寶，粗大髮辮自然垂搭於兩肩之上。佩戴五葉冠飾，冠下飾有瓔珞。面形長圓，眉眼上挑，鼻梁挺直，面容肅穆。上身比例勻稱，軀體光潔，佩戴有項鏈、釧鐲等各種飾物，軀體略微彎曲，呈現扭動身姿，富有律動之感。左手持金剛鈴，右手捧金剛杵於胸前，爲金剛薩埵最爲典型的形象特徵。下身着長裙，裙上裝飾有卷草圖案，雙腿結跏趺坐，腿間裙褶猶如打開的扇子，極富裝飾趣味。古樸典雅，韵味悠長，具有極高的歷史價值和藝術價值。

1137　十五世紀・銅鎏金文殊坐像

15TH CENTURY　A GILT-BRONZE STATUE OF MANJUSRI

高：11cm

RMB: 60,000—80,000

文殊菩薩是佛教最受歡迎的尊神之一，代表了菩薩神格裏最爲核心的部分而成爲佛教最重要的神衹，鬆贊幹布和歷代達賴喇嘛均被視爲觀音菩薩的化現，其六字真言亦被信衆和大衆所熟知。此像頭戴五葉寶冠，S形繒帶自耳側揚起，臉頰飽滿圓潤，笑容和煦，貌似少女。左肩盛開一朵蓮花，其上托經書，代表智慧思維，左手當胸結『説法印』；右手高舉握有寶劍，象徵以智慧劍斬煩惱，此二法器爲辨識文殊菩薩的重要標識。耳璫、瓔珞、葉冠、嵌綠鬆石。帔帛順勢而下，尾端垂搭於蓮臺座上，可謂匠心獨運。此尊造像工藝成熟，綫條流暢，展現了西藏造像的成熟風貌，可見永宣造像風格韵味，同時展現了西藏本土的造像工藝和審美趣味，爲西藏本土14-15世紀的作品。

1138 十六世紀·合金銅上師像

16TH CENTURY A COPPER ALLOY STATUE OF GURUDEVA

Provenance: Acquired at Christie's New York.

高：11.5cm

RMB: 130,000—150,000

上師是西藏佛教對具有高德勝行、堪爲世人軌範者之尊稱，又作金剛上師。爲古代印度人或一般修行者對其師之尊稱。此尊雙手當胸結説法印。跏趺端坐於蓮座（佚失）之上，呈比丘相，臉龐圓潤，額際高廣，面容和善，雙目低垂，嘴部微露笑意，形象生動寫實。軀體結構比例均稱，坐姿挺拔。上身內著僧祇支，外披僧氅，下身著僧裙，衣紋寫實自然，袈裟及裙皆鏨刻精美的吉祥紋樣，做工極爲精細。外披僧氅，略顯厚重。這是藏族僧人特有的服飾。

早期紐約佳士得拍出。

1139　十三世紀・合金銅嵌紅銅四臂觀音

13TH CENTURY A COPPER ALLOY STATUE OF FOUR-ARMED AVALOKITESVARA

高：36cm

RMB: 800,000—1,200,000

公元11-12世紀帕拉王朝覆滅，一大批工匠經尼泊爾、克什米爾來到拉達克，拉達克（Ladakh）地區匯集了來自印度、尼泊爾、克什米爾的僧人和工匠。拉達克位于克什米爾東部，西藏阿裏地區以西，以列城爲中心的地區。拉達克造像藝術在整個發展過程中與西北印度、東北印度、尼泊爾等外來藝術風格不斷融合，約在公元13世紀逐漸形成了本地獨特的多元化藝術風格。其代表性的造像主要流行于13-14世紀，其藝術特點主要表現爲材質多采用青銅俐瑪，胎體輕薄，銅色細膩光亮，古樸典雅，眼睛鑲銀，嘴唇鑲紅銅，是達拉克造像常用的表現手法。

四臂觀音是觀世音菩薩的無數化身之一，其咒語爲“Om mani padme hum”，與文殊菩薩、金剛手菩薩合稱爲“事部三怙主”。該尊四臂觀音頭戴五葉花冠，可見連接花冠間的銅條，這是藏西藝術成熟的重要標志性裝飾特徵。面相秀美莊嚴，雙目微合，神情沉靜。其四臂代表四無量心，主臂雙手持摩尼寶做合十印，右側臂手持念珠，代表每撥一珠即救渡衆生出脫輪回，左側臂手持蓮花，代表清靜無惱。寬肩細腰，雙腿呈跏趺坐于蓮花座上，雙腳掌上有法輪。項圈、臂釧中點綴有綠鬆石，在外圈項鏈、手鐲、腿部衣紋等處均有紅銅裝飾。整體上該尊四臂觀音整體藝術水準很高。

最早的密教四臂觀音形象出現在柏兹克裏特石窟29窟，在敦煌莫高窟149窟東壁、東千佛洞西夏時期也出現了四臂觀音。深受克什米爾風格影響的建于11-12世紀的拉達克阿奇寺（Alchi）中也有四臂觀音的形象。此處討論的四臂觀音與現藏于瑞寶閣的來自拉達克地區的不空成就佛對比後，與後者相比該尊眼口未見裝飾，臉部未施金，蓮瓣造型稍有區別，但整體氣韵相似，乃判定其年代爲13世紀之後。

十三世紀，東印度帕拉王朝由于伊斯蘭民族入侵，大批佛教徒逃入西藏。同時尼泊爾佛教進入繁榮鼎盛時期，與西藏有着密切交流。所以此時期帕拉-尼泊爾風格，在西藏影響極大，特別是藏西地區。外來的工藝和風格最後在藏西本土化融合後，就産生了十三、十四世紀藏西的獨特佛像造像。其主要特徵如下：材質大多是黄銅，不鎏金，而在面部貼金。常見用銀嵌眼睛，用紅銅嵌嘴唇、衣紋、飾品。銅質含較高鋅，不易生銹，表面打磨光亮圓潤。面相五官端正，兩眼細長呈柳葉狀，眼瞼低垂，眉毛一般爲一道陰刻綫，高挑流暢，形如一把弓，眉間有凸起白毫，鼻梁挺直鼻翼外張，上唇微翹，下唇較厚。佛裝頭部螺發、高肉髻、頂飾火焰寶珠。更多見的是菩薩裝，頭頂火焰寶珠，高發髻，較扁，繼承東印度帕拉的風格，發髻陰刻綫示盤起的頭發，帶花冠，多爲五葉花冠。軀體比例基本勻稱，苗條優雅，腰較細，菩薩裝上身不着衣，衹戴飾品，下身着長裙，衣邊多爲雙綫，可能出現連珠綫或者陰刻幾何紋，且此時期佛和菩薩主要以坐像爲主。

此像既表現了印度造像的審美情趣，又帶有西藏地區的藝術風格，如造像材質爲合金銅，多處鑲嵌銀和紅銅，加上較細長的身軀，都是兩地區早期造像常見的風格特徵，且胎體厚重不同于藏西拉塔克風格的薄胎合金銅造像，故此件作品應爲十三世紀東北印度工匠在西藏地區鑄造的具有帕拉風格的作品。此尊四臂觀音反映了早期佛教造像藝術不同地區的文化交融，具有極高的歷史價值和藝術價值，且觀音體量碩大，爲同時期金銅造像中少見，有此體量及品相者，實爲難得殊勝，值得珍藏。

140　十八世紀・漢藏風格青銅鎏金大威德雙身像

18TH CENTURY　A TIBETAN-STYLE GILT-BRONZE STATUE OF YAMANTAKA

Provenance: P 192, Nagel Auction, May 10, 2013

高：19.5cm

RMB: 110,000—150,000

大威德金剛又稱怖畏金剛、牛頭明王，爲文殊菩薩化身爲閻王凶惡形象以教令法界，是藏傳密宗五大本尊之一，因是宗喀巴大師的不共本尊而受格魯派和薩迦派所修念。在藏傳佛教中，大威德雙身金剛能製服毒魔，斷除諸障，封治閻羅死魔與部多起尸等諸魔難，是無上瑜伽密的父續，即身成就的主尊。

大威德金剛雙身像，九頭代表大乘九部契經，兩角代表二諦，三十四臂加之身語意則代表三十七道品，十六足代表十六空勝，懷抱明妃意表大樂。身形其左高右低的姿態與明妃右高左低身姿相互呼應，形成整體，同時又強化了剛勁動勢。九頭中最高者即爲文殊菩薩本像。工藝精湛，比例合度，形象生動，其多頭多臂是藏傳佛教造像中形式最爲復雜，工藝難度最大的一尊。

來源：德國納高拍賣公司2013年5月10日P192,德國南部重要私人收藏。

1141 明・木胎太乙救苦天尊

MING DYNASTY A WOOD STATUE OF TAIYI THE HEAVENLY SAVER

高：29cm

RMB: 30,000—50,000

整尊造像構圖飽滿，天尊於神獸之間比例得當，雕刻生動。天尊束髮肉髻，面相圓潔清麗，吉相融柔，五官刻畫精準肖諧，無刻露而精穩，把天尊之睿相盡展無遺，可見其高妙。天尊身着道袍，衣飾疊佩綫流婉轉輕貼，半跏趺坐於蓮花座之上。神獸昂首伏地，背托蓮花寶座，威猛生動，作咆哮狀，與天尊怡然灑脱之態形成强烈對比，體現了造像藝術匠師高妙的內在表現技巧。由於道教崇尚清靜無爲，作品的藝術審美傾向多爲安逸恬靜，含蓄莊嚴。其整體造像藝術多以世俗化的真實取勝，形象鮮明，栩栩如生。

參閱：（圖1）明代 太乙救苦天尊銅像 武當山博物館。

圖1

1142　明・銅鎏金釋迦牟尼坐像

MING DYNASTY　A GILT-BRONZE STATUE OF SAKYAMUNI

Illustrated: *Pureland from Piety: Selection of Chinese Ancient Buddhist Statues*, Zhejiang Museum, 2017
Exhibited: 'Pureland from Piety: Selection of Chinese Ancient Buddhist Statues', Gushan Branch, Zhejiang Museum, 2017
Provenance: Lot 1159, Tianjin Cultural Relics Auction, December 15, 2006.
高：41.5cm
RMB: 1,200,000—1,500,000

謝繼勝　若如飛

這是一尊明代中期的降魔印釋迦牟尼金銅坐像，結跏趺坐于仰覆蓮座上。釋迦牟尼佛（梵文：Śakyamuni，意爲"釋迦族之聖者"），姓喬達摩、名悉達多（約公元前566年-公元前486年）。此像象徵作爲佛教創始人的釋迦牟尼在菩提伽耶修行悟道的重要時刻，是佛教圖像學中最爲重要的造像之一，佛陀此像既是信徒證悟佛教義理的形象瞬間，又是衆生頂禮佛陀八相成道傳記的濃縮版。

10－12世紀前後降魔印佛陀雕塑在東印度流行，形成波羅風格的釋迦成道像并逐漸向周邊傳播。與此類圖像在緬甸蒲甘、中亞絲路及西夏傳播的情形相仿，藏區在12世紀前後降魔印釋迦牟尼像開始流行。與波羅樣式不同的是，12世紀以後的此類造像多爲螺髻佛像而非著寶冠像，至13世紀以後，尼泊爾紐瓦爾風格滲入，此類造像的風格有較大變化：佛像螺髻由後稍前，前額寬大，脖頸短粗但并無蒲甘造像的比例不適感；胸臂健碩有力，腰肢比12世紀稍短但更有内聚爆發力。演變至14至15世紀，造像各處得到柔化，佛陀後茇多樣式的貼體袈裟端頭衣紋如同魚尾，裝飾意味更加濃鬱。

此尊釋迦牟尼坐像螺發密布，賦色紺青，保存較好，現存色澤仍較鮮艷。發頂有較大的鎏金如意寶珠。五官刻畫極爲精致，陰刻綫條完美地襯托出臉部的細節。臉型寬平，呈"國"字臉。兩頰豐盈，頗有肉感。面相安静祥和。眉上白毫飽滿渾圓，位于額頭中央。眉眼細長，距離較寬。眉毛彎如新月。眼睛雙眼皮，刻畫下眼瞼，呈半閉狀，眼簾低垂，向下凝視，帶有沉思冥想的神情。鼻梁細直，鼻翼稍寬。嘴角微微上揚。耳垂厚大中空。下巴下部的一道肉褶更襯托出此尊釋迦牟尼佛的圓潤感。脖頸較短，施三道弦紋。戴手釧，手釧在手腕位置，較爲特殊。袒右胸右乳。總的來説，頭部在整個坐像中的比例較大，軀幹渾圓、較短，無肌肉感，上肢及手較長，給人一種莊嚴而又和藹之感。

袈裟華麗精美，是典型的明清式樣，有别于元代的風格。袈裟從左肩披落至蓮座之上，左肩袈裟的端頭非常獨特，塑有蓮瓣尖部。腹部有三道明顯的衣紋。衣紋流暢、飄逸，質感頗强，刻畫逼真寫實。

蓮座爲雙層束腰仰覆蓮座，造型十分規範，蓮瓣寬大飽滿，爲明代永宣樣式。上下層的蓮瓣邊緣分别飾連珠紋裝飾。

永宣造像吸收了漢地的藝術風格，塑造手法較爲寫實，對明清佛造像的風格均産生了極爲深重的影響。此尊釋迦牟尼佛坐像刻畫極爲華麗寫實，氣度不凡，雍容華貴，爲典型的明代造像。

此尊釋迦出自天津文物公司舊藏，類似的造像有以下。出土文物方面，有寧夏中寧大佛寺出土的明前期金銅佛。拍賣市場方面，一尊爲天津文物1999年春拍的高38厘米漆金釋迦牟尼佛像，有明確的成化壬寅款。一尊爲北京瀚海2002年春拍的高41.5厘米的釋迦牟尼佛，無款鎏金。一尊是北京瀚海2004年秋拍的37.1厘米的藥師佛像，漆金落成化壬寅款。這四尊造像與此尊釋迦牟尼像的袈裟樣式幾近一樣，尤其是左胸前的獨特裝飾，面部特徵和蓮瓣衣紋裝飾亦較相似。

參閱：瓷器 玉器 工藝品 天津文物 1999. 4. 18. LOT 225 (圖1)
古董珍玩 北京翰海 2002. 7. 1 LOT 2150 (圖2)
金銅佛像 北京翰海 2004. 11. 22 LOT 2507 (圖3)
《金銅佛像》天津市文物公司編 文物出版社 1998 (圖4)
《金銅佛造像圖録》鴻禧美術館編 臺北1993
内地（漢藏風格）
黄銅鎏金 單體澆鑄
開物·明清宫廷夜場 北京保利 2008年春 (圖5)
出版：《虔生出净世——中國古代漢傳佛教造像精萃》，浙江省博物館，2017年。
展覽："虔生出净世——中國古代漢傳佛教造像精萃"展，浙江省博物館孤山館區，2017年。
來源：金銅佛像 天津文物 2006. 12. 15. LOT 1159

圖1

圖2

圖3

圖4

圖5

1143 明·木胎釋迦坐像

MING DYNASTY A WOOD STATUE OF SAKYAMUNI

高：26cm

RMB: 50,000—60,000

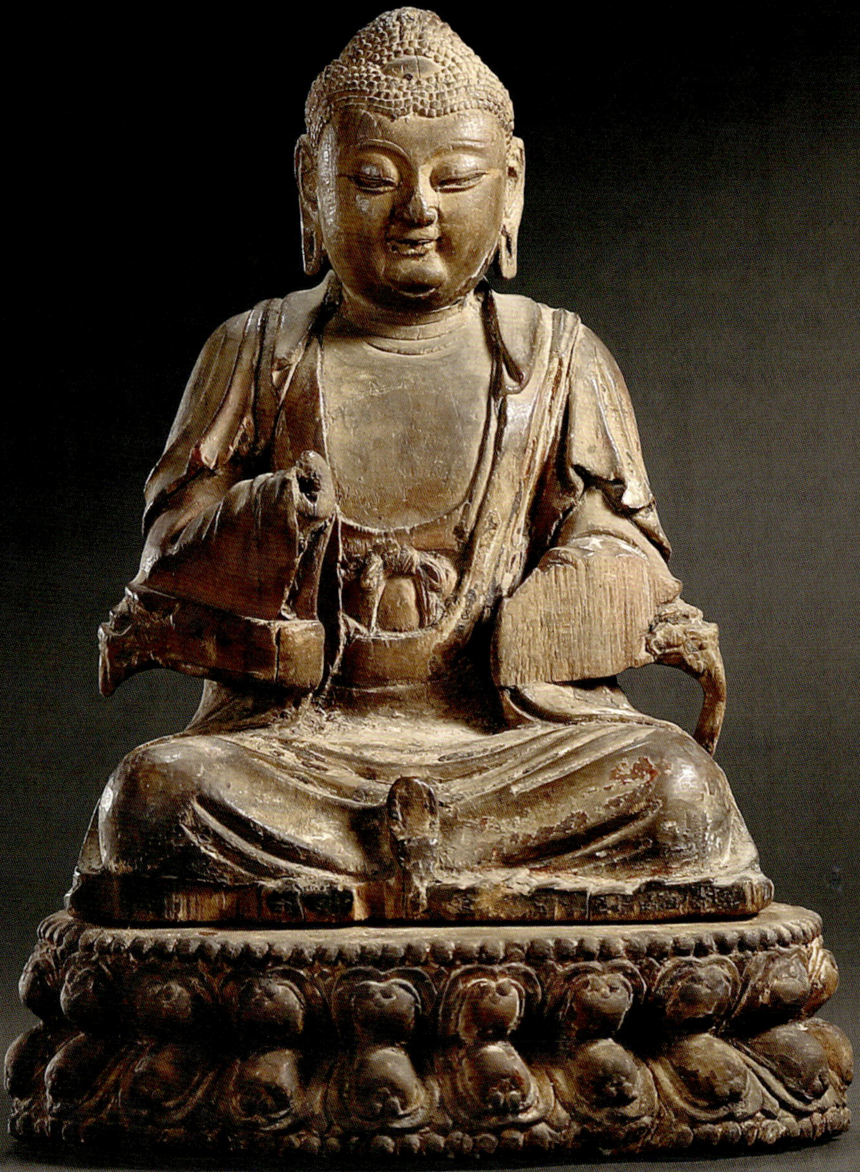

1144 十五世紀・銅鎏金釋迦牟尼坐像

15TH CENTURY A GILT-BRONZE STATUE OF SAKYAMUNI

高：10.8cm

RMB: 80,000—90,000

釋迦牟尼，意爲釋迦族出身的聖人。原名喬達摩悉達多，是北印度加毗羅衛國净飯王太子，捨弃了豪華生活，出家修行後，獲得證悟，創立了佛教。釋迦牟尼佛的形象在佛教藝術中最爲常見，廣受尊崇。藍色肉髻，額頭寬闊，髮際平直，面型方正，雙眉上挑，眼睛垂視，鼻子細窄挺拔，此種表現形式爲西藏造像中所常見。着袒右式袈裟，袈裟輕薄，緊貼身體，邊沿飾有細密的連珠紋，袈裟一角覆於左肩，褶皺綫條自然。袈裟上陰刻有綫條，表現袈裟紋飾，綫條流暢。身體挺拔，肩膀寬厚。右手觸地印，左手禅定印，全跏趺坐於蓮座上。蓮座的樣式爲15世紀西藏造像中所常見，雙層蓮瓣寬大且肥厚，綫條舒展、流暢，工藝較爲成熟。此尊造像爲銅鎏金，鎏金細膩，金水明亮，亦爲工藝成熟之表現。此像保存完好，品相佳，爲西藏造像精品。

1145　明・木胎原彩仕女一對

MING DYNASTY　A PAIR OF PAINTED WOOD STATUES OF COURT LADY

59cm\61cm

RMB: 120,000—150,000

此對明代的漆彩侍女品相完整，身體比例勻稱，面部按照世俗的人們臉相彎弓細眉，兩眼微微上挑，高鼻小嘴，下巴圓潤豐滿，使人感覺富態自然。衣飾的表現也完全按照當時明代的樣式，衣褶表現寫實，層遞關系表現得當，充分表現出造像的體積感，是一件不可多得的藝術品。

1146 清・夾纻普賢菩薩坐像

QING DYNASTY A LACQUER STATUE OF SAMANTABHADRA

高：25.5cm

RMB: 100,000—120,000

夾纻亦作『夾紵』、『挾』、『幹漆夾』，即古書中所稱『内脱法』，爲佛造像技法之一，其法用生漆塗刷，漆幹後用生漆糊上第一層麻布，幹燥後糊第二層，反復多次。待生漆麻布晾幹堅硬後掏出泥胎，揭下生漆麻布硬片，按原位再次糊牢。底嵌上木板，再用生漆麻布封住即成。因此夾纻造像又有『脱空像』之稱，屬漆器工藝當中的難度較高之做法。蓋此法塑像不但柔和逼真，而且質地很輕，世人稱爲『行像』。

普賢菩薩是大乘菩薩的代表，象徵着大乘佛教的精神。在《華嚴經》中明示一切佛法歸於毗盧遮那如來及文殊菩薩、普賢菩薩二大士，三者并稱『華嚴三聖』，其中普賢菩薩代表一切菩薩行德本體。此尊頭戴花冠，寶繒飄拂於耳際。目光下斂，相容慈祥和熙。菩薩裝束，身着天衣綢裙，佩戴瓔珞釧環。披帛順肩而下，繞臂而出，尾端飄垂於體側。左手施説法印，右手施禪定印，自在坐於白象上。

普賢菩薩存世量與文殊菩薩相比數量稀少，且又是夾纻工藝，更顯珍貴。

1147 明・達摩半身像

MING DYNASTY A WOOD STATUE OF DHARMA

高：39.5cm

RMB: 150,000—220,000

1148 十四世紀·合金銅黃財神像

14TH CENTURY A COPPER ALLOY STATUE OF YELLOW JAMBHALA

高：18cm

RMB: 300,000—350,000

此尊黃財神是一尊具有拉達克風格的西藏造像。拉達克風格是流行於13-14世紀西藏西部的一種特色鮮明的佛像風格。這一時期的藏西拉達克風格造像多采用黃銅合金，不鎏金，藏西受礦藏、資源條件的製約，故在鑄造技術上，不斷改進提高，用失蠟法鑄出更薄的胎，輕巧別致，銅質含鋅比例較高，不易生銹，表面打磨光亮圓潤，我們不能以胎體偏薄否定一件作品的藝術價值，這種胎質正是藏西高水準佛像的重要特點之一

此尊頭戴簡易花冠，花冠上葉片間有銅綫相連，耳飾一對環形耳環，兩側有扇形冠結支向兩側。袒胸露腹，下身着裙，僅裙脚邊緣可見花紋。雙手分托黃財神的標志物摩尼寶和吐寶鼬。蓮座爲單層覆蓮瓣。蓮瓣較寬大圓鼓，光素無紋，尖部向外略微翹起，這一簡練手法却有效的讓蓮瓣充滿生機活力。蓮瓣衹施正面，背面不施。這一時期的造像類型并不繁多，多爲寂靜像，忿怒相比較稀少，令此尊粗碩古樸的黃財神像更添收藏價值。

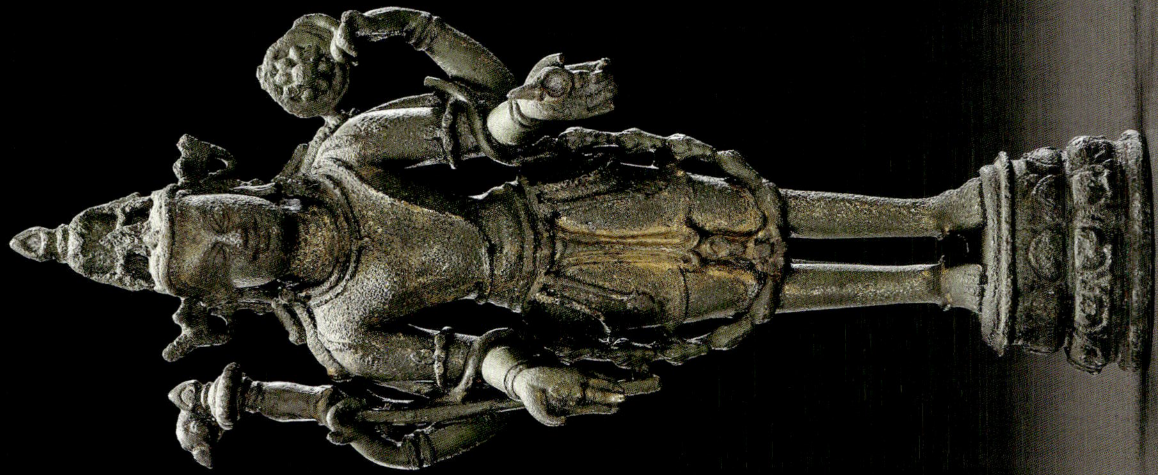

1149　十五世紀・毗濕奴立像

15TH CENTURY　A BRONZE STATUE OF VISHNU

高：22cm

RMB: 140,000—160,000

毗濕奴與梵天，濕婆合稱印度教三大主神，是一切衆生的保護者。此尊毗濕奴造像，面像威武，身材高大，頭戴寶冠，髮髻高聳；裸身戴瓔珞，前二臂左手握法螺，右手執蓮花；後二臂左手執輪寶，右手持權杖，雙脚立於蓮座上，整體神像銅銹錯落於皮殼，更添年代久遠之美。

參閱：烏爾裏希•馮•施羅德《西藏佛教雕塑》第一卷《印度與尼泊爾》，2001年，第244頁，圖78A；《故宫博物院文物珍品大系—藏傳佛教造像》第53頁，上海科學技術出版社，2003年12月，毗濕奴與吉祥天女妙音天女東北印度（帕拉王朝）十一世紀高30.5cm 布達拉宫藏。

1150 十六世紀・銅鎏金天王頭像

16TH CENTURY A GILT-BRONZE STATUE OF THE TOP OF BUDDHA'S GUARDIAN

高：18cm

RMB: 180,000—220,000

1151 十五世紀・銅鎏金無量壽佛像

15TH CENTURY A GILT-BRONZE STATUE OF AMITABHA

高：20cm

RMB: 200,000—250,000

自古中國人就有追求長壽的傳統，無論帝王將相，還是平民百姓，都要向神明祈求長壽，無量壽佛廣受信衆尊崇。此尊無量壽佛金水鎏潤，妙相莊嚴，規格較高。頭戴五葉寶冠，髮髻精致高聳，寶繒彎曲上揚，圓環狀耳璫下垂。面相圓潤，慈眉善目，額間有白毫，下頜短小圓融，嘴角含有淡淡笑意。雙肩寬厚，腰部收束，顯得軀體柔軟。胸前飾項圈瓔珞，手臂飾臂釧、手鐲，雙手自然彎曲，置於腹前結禪定印，并托一長壽寶瓶。寶冠、項圈等裝飾上鑲嵌綠松石，與金光燦燦的佛像交相輝映，更顯無比華麗。蓮花座造型規範，花瓣飽滿有力，尖端飾有卷草紋，上緣各飾一周圓形連珠紋，連珠顆粒飽滿，鑄造精致。整體造型端莊，比例勻稱，堪稱明代宮廷造像中的上品之作。

1152　十七世紀・合金銅菩薩立像

17TH CENTURY A COPPER ALLOY STATUE OF BUDDHA

高：16.5cm

RMB: 80,000—100,000

1153　十七世紀・姜子祥舊藏銅洗式象足爐

17TH CENTURY　A BRONZE CENSER

Provenance: 1. Previously collected by Jiang Zixiang.
2. Lot 1516, Imporatnt Chinese Works of Art from the Collection of Jiang Family, Beijing Poly Auction, 2007

口徑：17.4cm　高：7.6cm　重：1282g

RMB: 300,000—400,000

此種爐型，爲宣爐中極少之品種，其型矮扁似洗。扁筒形狀，熟棠梨色。爐口寬薄，直身折沿口，沿起弦紋，爐型扁平，腹部起弦紋綫，綫條柔美，器底以三象首支撑，工藝精美，刻畫精妙傳神。寓意吉祥，象上太平。器底飾凸雕雙龍抱款紋，二龍迤邐團成一圓，龍紋雄勁有力，龍髮從兩角間前聳，呈怒髮衝冠狀，張口，龍眉向上，細脖，是比較典型的明末清初龍紋形象。圓心有陽文『大明宣德年製』六字楷書款。清宫舊藏之宣德器中也有相同底款。此爐雖爲宣系，但與其餘宣系品種有較大差别。爲罕見之爐型，廳堂禮神敬佛，可稱佳器。

藏者簡介：姜子祥，民國初年即事業成功的上海工商業巨擘，『中華工業廠』和『大中華橡膠廠』的重要股東。那時的江浙財閥多爲儒商，實業之餘，兼爲海上重要收藏家。無論教育背景、生活習慣都是中西合璧的，但唯獨在收藏品味上則依然繼承文人收藏之大雅。北有張伯駒，海上龐虚齋亦是如此，已成爲民國時期特有的文化現象，從他們的藏品便可知曉。北京保利曾於2007年12月2日舉辦『海上沉香-姜子祥舊藏瓷器、宣爐、造像專場』，使海内外藏家得以窺見其收藏及儒雅的品味。

款識：大明宣德年製楷書款。

來源：海上姜子祥舊藏，北京保利2007年《海上沉香》專場lot 1516，成交價336,000萬元。

1154 明·十八臂準提菩薩

MING DYNASTY A WOOD STATUE OF EIGHTEEN-ARMED CUNDHI BODHISATTVA

Illustrated: *Pureland from Piety: Selection of Chinese Ancient Buddhist Statues*, Zhejiang Museum, 2017

Exhibited: 'Pureland from Piety: Selection of Chinese Ancient Buddhist Statues', Zhejiang Museum, Gushan Branch, 2017

高：60cm

RMB: 1,200,000—1,800,000

幹漆夾紵工法繁復，於中國施作歷史似乎未有久持，唐以後僅雖數度再起，但技藝不逮，難復唐時輝煌。此尊菩薩首尺寸較真人更大，類同者惟有近年售出之坂本氏藏幹漆佛首（圖三），與本品或原爲同一出處，碩大浩然，精美絕倫，應屬皇家供養之尊。

起始以木柱爲蕊，泥塑作模，貼藴漆麻布以爲胎。復施重漆，巧工精雕，敷彩添色，最後割開背面取出木蕊泥坯，祇餘薄麻漆層，脱胎成像。較之石雕，夾紵顯然輕巧，可製於城鎮内之專門作坊，再運送至各地，也適用於巡游儀式中作行像，甚至渡海赴日。

以此繁復漆藝製成之唐代造像，珍稀罕見。夾紵漆塑製作艱巨，大費周章，製作數量受限，加上幹漆纖巧，保存非易，如今事隔千年，碩果僅存，難能可貴。

此尊準提菩薩一面十八臂髮髻生動，面頰豐腴，面相慈悲，雙耳飽滿，身着天衣，雙肩衣紋流暢飄逸，胸前飾瓔珞，下着長裙，挺胸直身，結跏趺座。菩薩體軀健碩，整身充滿着力量感，又不失和諧典雅，全身漆金裝飾，是爲一尊精湛技藝的宫廷風格準提菩薩。

準提菩薩爲顯密佛教徒所知的大菩薩，在禪宗，則稱之爲天人丈夫觀音，準提菩薩是一位感應甚强、對崇敬者至爲關懷的大菩薩，更是三世諸佛之母，他的福德智慧無量，功德廣大、感應至深，滿足衆生世間、出世間的願望，無微不至的守護衆生。

出版：《虔生出淨世—中國古代漢傳佛教造像精萃》，浙江省博物館，2017年。

展覽：「虔生出淨世—中國古代漢傳佛教造像精萃」展，浙江省博物館孤山館區，2017年。

1155 明・銅鎏金男相觀音

MING DYNASTY A GILT-BRONZE STATUE OF AVALOKITESVARA

Illustrated: *Pureland from Piety: Selection of Chinese Ancient Buddhist Statues*, Zhejiang Museum, 2017

Exhibited: 'Pureland from Piety: Selection of Chinese Ancient Buddhist Statues', Zhejiang Museum, Gushan Branch, 2017

高：32cm

RMB: 400,000—500,000

按佛教教理，菩薩是無漏的聖人，是無所謂性別的，但是事實上無論是佛經還是佛教藝術上，總喜歡讓菩薩隨順世間，帶上世俗的性別。在早期印度佛教中，菩薩多以男性身份出現，那時佛經中佛陀稱當時菩薩爲『善男子』『偉丈夫』『勇猛大丈夫』等等。在中原佛教造像中，唐代以後就比較少見到大胡子的男相菩薩造型了，觀音造像多爲俊美的美男子形象或女性形象，留有長髯的男性形象極爲少見。此尊造像即爲留有長髯的男相觀音，觀音面相飽滿，頭帶戒箍，眉似彎月，雙目細長，直鼻薄唇，神情恬然。着通肩式大衣，衣緣鏨刻花紋，袒胸處瓔珞簡潔。兩手姿態優美，於胸前托持一支如意，可稱『如意觀音』，雙腿結跏趺座。觀音頭部圓大，軀體短粗，形象穩重端正，具有明顯的明代中期中原造像特點，通體鎏金，金色光艷。此類造像在明代體材較少，存世量也不多，爲明中期觀音造像中的上品。

出版：《虔生出净世—中國古代漢傳佛教造像精萃》，浙江省博物館，2017年。

展覽：「虔生出净世—中國古代漢傳佛教造像精萃」展，浙江省博物館孤山館區，2017年。

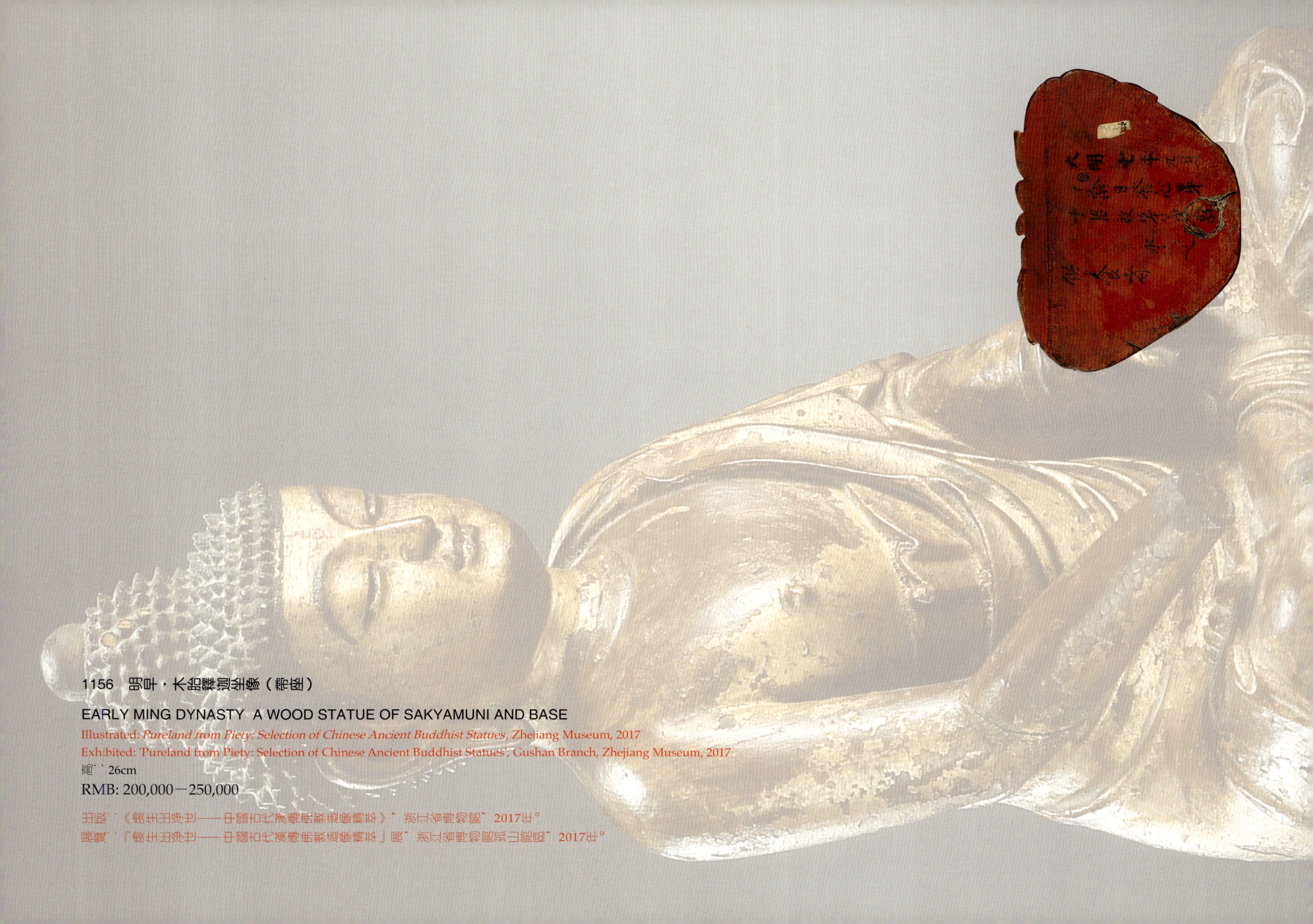

1156 明早·木胎釋迦坐像（帶座）

EARLY MING DYNASTY A WOOD STATUE OF SAKYAMUNI AND BASE

Illustrated: *Pureland from Piety: Selection of Chinese Ancient Buddhist Statues*, Zhejiang Museum, 2017

Exhibited: 'Pureland from Piety: Selection of Chinese Ancient Buddhist Statues', Gushan Branch, Zhejiang Museum, 2017

高：26cm

RMB: 200,000－250,000

出版：《虔生出净世——中國古代漢傳佛教造像精萃》，浙江省博物館，2017年。

展覽：「虔生出净世——中國古代漢傳佛教造像精萃」展，浙江省博物館孤山館區，2017年。

1157 宋元·木胎水月觀音像

SONG-YUAN DYNASTY A WOOD STATUE OF AVALOKITESVARA

Illustrated: *Pureland from Piety: Selection of Chinese Ancient Buddhist Statues*, Zhejiang Museum, 2017

Exhibited: 'Pureland from Piety: Selection of Coinese Ancient Buddhist Statues', Gushan Branch, Zhejiang Museum, 2017

高：46cm

RMB: 500,000—600,000

水月觀音造型是漢傳佛教的獨創造型題材。水月觀音像通過面部表情的細微變化以及姿態的處理，刻畫出親切的人性美感，把神進行了世俗化，變成了充滿人間生活氣息的形象，極具現實生活意趣。此尊觀音髮髻高聳，額頭寬闊，雙目向下微睁，端莊慈祥，豐姿綽約，氣質高雅。身上并無明清造像的那種華麗與貴氣，衣着雕刻簡單流暢，以游戲坐姿坐於山石之上。人物比例恰到好處，坐姿刻畫放鬆自然，從開臉和造型上看，有南宋至元漢地造像的特點。且保存完好，十分難得。

出版：《慈悲與度化——中國古代佛教造像精品展》，浙江省博物館，2017年。

展覽：「慈悲與度化——中國古代佛教造像精品展」，浙江省博物館孤山館區，2017年。

1158 明洪武・銅釋迦坐像

MING HONGWU PERIOD, MING DYNASTY A BRONZE STATUE OF SAKYAMUNI

Illustrated: *Pureland from Piety: Selection of Chinese Ancient Buddhist Statues*, Zhejiang Museum, 2017
Exhibited: 'Pureland from Piety: Selection of Chinese Ancient Buddhist Statues', Gushan Branch, Zhejiang Museum, 2017

高：5.9cm

RMB: 90,000—100,000

此尊佛像，銅質精良。乃標準釋迦牟尼成道像，左手腹前結禪定印，右手結觸地印，面相和藹，做工細致。底座爲六角型臺座，上收下放，上刻有規則紋飾，頗爲精致。臺座束腰處刻有銘文：「周府欲報四恩，命工鑄造佛像一樣五千四十八尊，俱用黄金鍍之，所以廣陳供養，崇敬如來，吉祥如意者。洪武丙子四月吉日施。」據銘文可知，此像是由明太祖朱元璋第五子周王朱橚王府出資鑄造。佛像的形體、容貌和姿儀有祥和、寧静、莊嚴之致。這種銅鎏金佛造像，除了北京故宮博物院有數件收藏外，還見於上海、北京及日本等公私收藏，可資比較。

出版：《虔生出淨世—中國古代漢傳佛教造像精萃》，浙江省博物館，2017年。

展覽：「虔生出淨世—中國古代漢傳佛教造像精萃」展，浙江省博物館孤山館區，2017年。

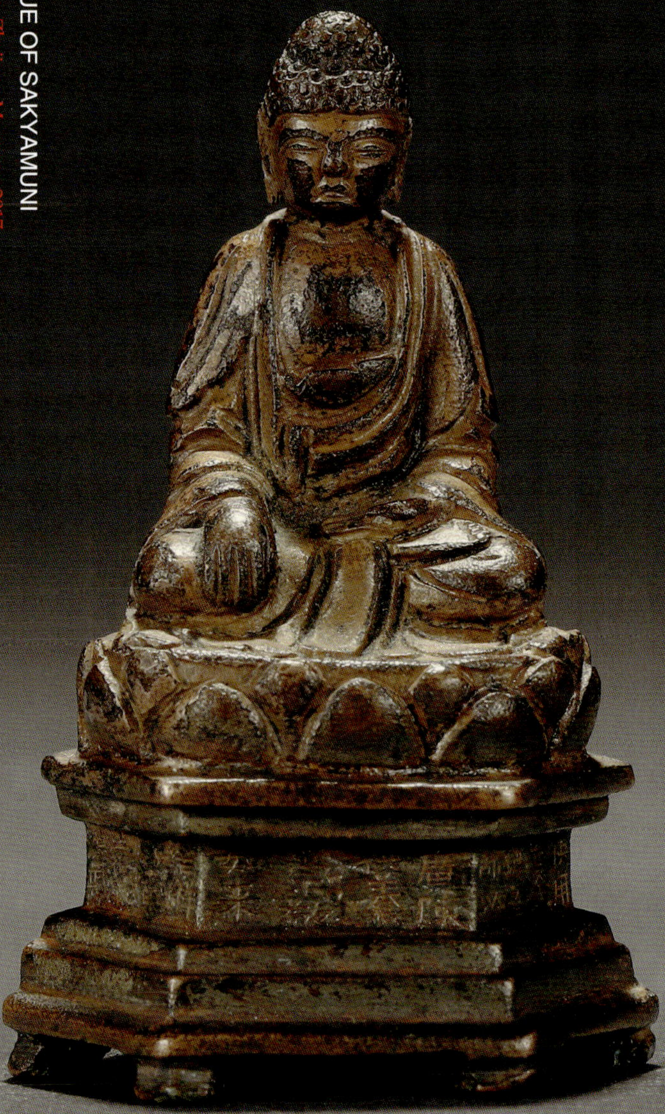

1159 元·銅釋迦坐像

YUAN DYNASTY A BRONZE STATUE OF SAKYAMUNI

Illustrated: *Pureland from Piety: Selection of Chinese Ancient Buddha Statue* [illegible]

Exhibited: Pureland from Piety: Selection of Chinese Ancient Buddha Statue [illegible]

高：14.8cm

RMB: 110,000—120,C00

出版：《慶生出淨世—中國古代漢傳佛教造像精萃》，浙江省博物館，2012年。

展覽：「慶生出淨世—中國古代漢傳佛教造像精萃」展，浙江省博物館，2012年。

1160 明·木胎阿彌陀佛坐像

MING DYNASTY A WOOD STATUE OF AMITAYUS

Illustrated: *Pureland from Piety: Selection of Chinese Ancient Buddhist Statues*, Zhejiang Museum, 2017

Exhibited: 'Pureland from Piety: Selection of Chinese Ancient Buddhist Statues', Gushan Branch, Zhejiang Museum, 2017

高：37cm

RMB: 240,000—250,000

此尊明代木胎阿彌陀佛坐像身披原彩，螺發肉髻，寶珠頂嚴。面相飽滿方正，五官刻畫清晰，棱角分明，雙目微閉，大耳垂肩，温和端詳，神態寧静內省。身披佛衣，衣紋層迭有致，衣緣鏨刻細密的花紋，身材比例勻稱，肢體圓渾寬厚，給人一種力量之美。右胸及右臂袒露，雙手與臍前結禪定印。雙腿結跏趺坐，手脚刻劃寫實。蓮花底座蓮瓣飽滿挺拔。瓣尖飾卷草紋。雖久經滄桑，但神彩不減，造型端莊嚴整，明顯受到永宣宮廷造像的影響。是明代中原漢傳佛教造像中的精品。

出版：《虔生出淨世—中國古代漢傳佛教造像精萃》，浙江省博物館，2017年。

展覽：「虔生出淨世—中國古代漢傳佛教造像精萃」展，浙江省博物館孤山館區，2017年。

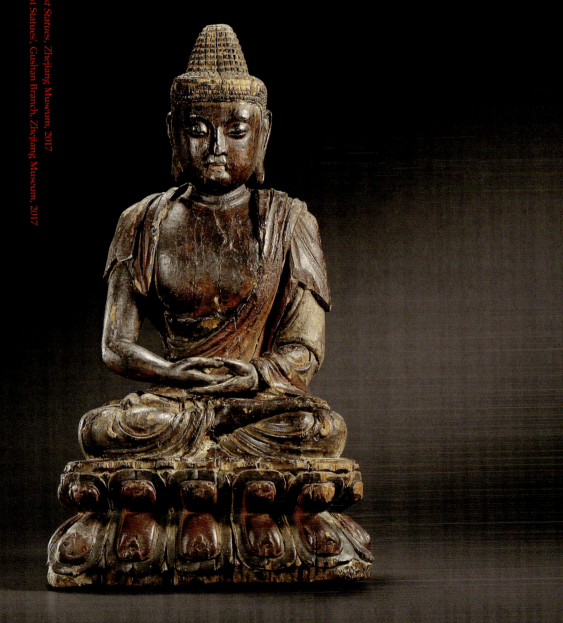

1161 十六世紀・銅鎏金釋迦牟尼坐像

16TH CENTURY A GILT-BRONZE STATUE OF SAKYAMUNI

高：15cm

RMB: 80,000—110,000

釋迦牟尼，（梵文：śākyamuni），意爲『一切義成就者』，佛教創始人。成佛後被稱爲釋迦牟尼，尊稱爲佛陀，意思是大徹大悟的人。全跏趺坐於雙層仰覆蓮花寶座之上。左手結禪定印，右手結觸地印，爲佛祖釋迦摩尼標準成道像。釋迦佛面相方圓，彎眉細目，神態莊嚴和悅，螺髮高髻，寬肩細腰，肌膚豐滿圓潤，着袒右袈裟，衣褶起伏自然。右手結觸地印，左手結禪定印，全跏趺坐。下承仰覆蓮座，蓮瓣細長圓鼓，蓮座上下緣飾連珠紋。

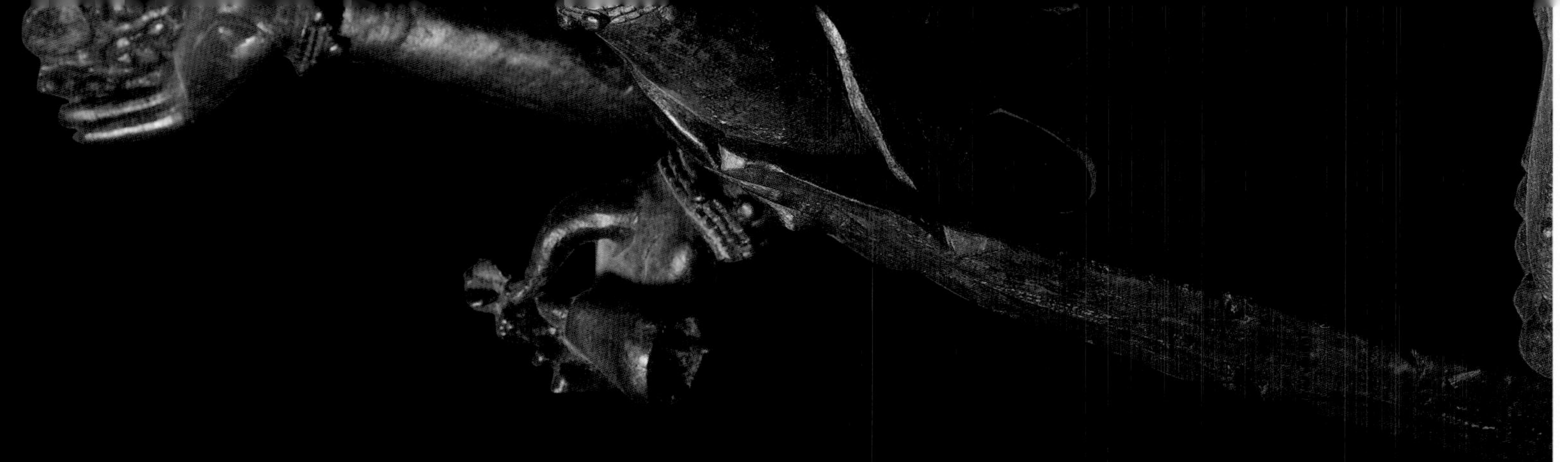

1162 明·銅六臂準提坐像

MING DYNASTY A BRONZE STATUE OF SIX-ARMED CUNDHI BODHISATTVA

Illustrated: *Pureland from Piety: Selection of Chinese Ancient Buddhist Statues*, Zhejiang Museum, 2017

Exhibited: 'Pureland from Piety: Selection of Chinese Ancient Buddhist Statues', Gushan Branch, Zhejiang Museum, 2017

高：73cm

RMB: 1,800,000—2,200,000

準提觀音，又稱準提佛母、七俱胝佛母，其造型有多種形象，此尊造像表現的是三面六臂準提觀音。常修持準提觀音像，可摧破一切衆生之惑業，成就延命、除災、求子諸願。

藏傳佛教造像藝術經過後弘初期西藏本土與外來藝術的不斷碰撞和融合，到13世紀時開始朝着西藏本土藝術的方向發展，形成了具有西藏和中華民族審美特色的不同地域造像風格，如薩迦風格、夏魯風格、丹薩替風格、達隆風格，以及遠離西藏本土的西夏風格和元代宮廷風格。從整體風格上看，此像既具藏傳造像鮮明特點，又帶有中原地區造像的審美特徵，是一尊明代早期中原地區的漢藏風格造像。但仔細端詳和分析，其諸多藝術表現帶有中原地區元代造像的審美特徵和西藏地區元代造像藝術元素。此尊造像體量碩大，造型大方，軀體健碩；面相寬大，額部高廣；蓮座規範，蓮瓣周匝環繞，形製飽滿；這些共性特徵應源起元代宮廷造像的風格體系。同現已發現和確認的元代宮廷造像相比，此尊菩薩像在材質、冠飾、軀體和瓔珞裝飾等多個方面體現了元代宮廷造像風格的鮮明特點。整像體量碩大，寬肩細腰，身軀壯碩而偉岸，蓮座寬大，蓮瓣肥大飽滿，應當受到了元代蒙古人審美情趣的影響。這種軀體造型在元代漢藏造像上都有明顯的體現，在衣紋表現上，此像衣紋寫實流暢，極富質感，明顯采用了中原傳統表現手法，與明代宮廷造像的衣紋表現一致。且胸前瓔珞的排列樣式與永宣造像相似。它們均以多個U字形瓔珞相連而裝飾於胸前。因此此件應是受了元代宮廷造像影響的明早期漢藏風格的宮廷造像。

出版：《妙相莊嚴——中國古代佛教造像精品》，浙江省博物館，2017年。

展覽：「妙相莊嚴——中國古代佛教造像精品展」，浙江省博物館孤山館區，2017年。

1163 清・銅鎏金宗喀巴像

QING DYNASTY A GILT-BRONZE STATUE OF TSONGKHAPA

高：16.8cm

RMB: 50,000—60,000

此件宗喀巴像頭戴桃形尖頂黄帽，兩側護耳垂於雙肩。面形方圓豐滿，雙目微閉，面相沉静。雙手結説法印，并在手心握住兩枝蓮花莖，花莖沿手臂升至雙肩，左肩放置般若經書一部，右肩放置文殊寶劍，此爲宗喀巴的重要標識，表明其爲文殊菩薩的化身。身着西藏僧人典型装束，内穿交領式僧衣，衣領刻雲紋，外罩袈裟，上面滿刻花卉紋飾，綫條優美，刻工細膩，具有明顯的地域特色。袈裟裹住雙腿，裙邊自然鋪陳於座面，衣紋寫實流暢，露出跏趺盤坐的左脚趾，生動寫實。束腰仰覆式蓮花座，蓮瓣飽滿，上下邊緣均有細密的連珠紋装飾。蓮座前鏨刻藏文：宗喀巴。背後鏨刻：頂禮薩迦的宗喀巴大師。整尊造像比例匀稱，鎏金飽滿，金色亮麗，眼睛、嘴巴、帽沿用朱砂染紅，眼珠綴黑色，工藝考究，鎏金飽滿，金色亮麗，形象生動傳神。

1164 十八世紀·銅鎏金馬頭金剛

18TH CENTURY A GILT-BRONZE STATUE OF HAYAGRIVA

高：16.5cm

RMB: 150,000—180,000

馬頭金剛，也叫馬頭明王，梵語稱『何耶揭梨婆』。藏密認爲其是蓮華部主阿彌陀佛的變化身，或由觀音所化現，是胎藏界觀音院的上尊，畜生道的教主。此尊髮際間的馬首爲觀音爲啖食一切衆生無明業障，摧破諸恐怖而現之形。本尊三面六臂，頭戴五顱冠，赤髮竪立，面具三目，齜牙咧口，形象凶忿。諸手原持劍、索、匕首等法器已佚，僅存左主臂之噶巴拉碗。背生雙翅，展左站立，項挂五十人首髮，身披人皮、象皮，下着虎皮裙，以蛇飾爲裝飾。雙腿左伸右曲，足踏男女二魔，與佛母以雙運相威立於覆蓮座上。造型優美生動，鑄造工藝精湛。

1165 清・銅鎏金文殊菩薩坐像

QING DYNASTY A GILT-BRONZE STATUE OF MANJUSRI

高：16.8cm

RMB: 150,000—180,000

文殊菩薩乃佛教尊神，高居顯宗八大菩薩首席，象徵般若智能。此尊文殊菩薩像髮髻高束，頭戴五葉寶冠，面龐方圓潤，彎眉長目，相容靜謐。身體略向右邊倚斜，上身袒露，僅披帔帛，佩戴瓔珞釧環。右手高擎寶劍，表示菩薩的智慧如利劍，能斬斷一切煩惱與愚痴；左壁攀附的蓮花上奉經書，代表般若智慧浩瀚如經卷。菩薩下着長裙，衣薄貼身，衣緣鏨刻精美的紋飾。全跏趺坐於蓮花寶座上，蓮座爲雙層束腰仰覆蓮座，上下各緣飾連珠紋一周。菩薩的寶冠、臂、手腕處皆嵌盈亮的鬆石、珊瑚等寶石，盡顯富麗華貴之美。

1166　十三世紀·銅鎏金菩薩坐像

13TH CENTURY　A GILT-BRONZE STATUE OF BUDDHA

高：12cm

RMB: 220,000－250,000

菩薩頭戴三葉寶冠，面相豐潤，彎眉細目，耳垂花朵形圓珰，表情祥和。上身胸前飾項鏈瓔珞，四肢飾釧環等物。寶冠、項鏈、瓔珞、釧環上鑲嵌有銀和寶石，裝飾華麗，這是尼泊爾造像常見的裝飾手法。下身着貼體薄裙，裙上刻有精美的花紋。左手牽一蓮花，左手置於右膝施與願印，左腿橫盤，右腿下踏，右舒展坐於蓮花座上，姿態十分優美。束腰仰覆式蓮花座，蓮花瓣飽滿秀長，製作精美。該造像法相莊嚴，工藝嫻熟簡練，表現出尼泊爾造像青春秀美的藝術韵味，是尼泊爾馬拉王朝造像藝術中的杰出作品。

1167　十五世紀・銅鎏金金剛亥母

15TH CENTURY　A GILT-BRONZE STATUE OF VAJRAVARAHI

高：11.3cm

RMB: 110,000—130,000

此尊頭戴五骷髏冠，頭右上方長出一個豬頭，長髮披垂於身後，動感流暢。臉型爲典型的尼式瓜子臉，面具三目，直鼻小口，相容寂忿，耳垂圓鐺。扇形冠結，寶冠後繒帶飛揚，下端自腋下自然飄落，富於動態。身形袒露，身材豐胸細腰，體態婀娜，曼妙多姿。周身裝飾繁縟，胸前佩戴瓔珞骨飾，項挂五十人頭鬘，以小鈴花朵爲裝飾，手足飾釧鐲，腰系瓔珞裙。裝飾造型精致美觀，刻畫細膩生動。全像軀體壯碩，肌肉勁健有力，體態優美富於動感，表現出尼泊爾造像高超的寫實技巧。左手托着盛滿鮮血的嘎巴拉碗，象徵她獲得了極樂的體驗，修證事業成功。左臂夾持喀章嘎，其上部有骷髏、幹枯人首和新鮮人首，象徵她壓服了貪、嗔、痴的侵擾。右手上舉，持鉞刀，象徵清除人的一切愚昧，勾召智慧真性。左腿單腿舞蹈立姿，踩踏人尸，表示戰勝外在的敵人。

1168　十六世紀・銅鎏金金剛菩薩坐像

16TH CENTURY A GILT-BRONZE STATUE OF BUDDHA

高：17cm

RMB: 160,000－200,000

金剛總持，又稱金剛持，持金剛，是噶舉派敬奉的本初佛，被認爲是釋迦牟尼說密法時所呈現的形象，他代表著上師，自性，故也視同法身佛。金剛總持雙手交叉於胸前，右手持金剛杵，左手持金剛鈴，象徵堅不可摧的力量和智慧的結合。額頭平直寬闊，眉目細長，眉間有白毫，鼻梁高挺，嘴角微微上揚，呈微笑狀。頭戴寶冠，具有特色，髻頂豎立金剛杵。耳旁束繒帶，繒帶自然垂於兩肩，將織物褶皺及柔軟的質感表現的十分生動。耳鐺樣式亦十分特別，同心圓結構，富有裝飾效果。

身形健碩，四肢圓潤，充滿力量感。全跏趺坐於蓮座上，飾項鏈、臂釧、手鐲、腰帶、足釧，裙上可見平行綫條表現的衣服褶皺。各種佩飾及裙褶皆嵌以銀絲和珊瑚鬆石，盡顯奢華與高貴。蓮座較高，蓮瓣爲雙層，寬大舒展，極富張力。此尊造像整體工藝水平較高，明顯的特徵是裝飾細節的樣式多具有新意，不同於同時代常見的樣式，富有創新性，令人耳目一新。

1169 元・木胎觀音坐像

YUAN DYNASTY A WOOD STATUE OF AVALOKITESVARA

高：27cm

RMB: 180,000—200,000

觀音爲中國佛教四大菩薩之一，以慈悲著稱。千百年來，觀音受到印度、中國及東南亞各國佛教信徒的廣泛崇信，被譽爲『大慈大悲救苦救難觀世音菩薩』。此尊觀音頭戴寶冠，面相方圓豐潤，目光下斂，表情祥和平靜。身着寬袍，肩披帔帛，胸前裝飾連珠瓔珞，下身着綢裙，衣褶綫條寫實流暢。觀音右手結觸地印，左手結禪定印，手指纖細柔美，惟妙惟肖，跏趺坐於束腰蓮座上，儀態端莊優美。造像以木胎彩繪，造型比例協調，工藝技法嫻熟，具有山西造像的風格特徵，綫條精煉，注重神韵的表現，斑駁的彩繪更凸顯出造像古樸厚重的歷史感，爲元代木雕造像的精品，藝術造詣和收藏價值頗高。

1170　十八世紀·合金銅上師像

18TH CENTURY A COPPER ALLOY STATUE OF GURUDEVA

高：11cm

RMB: 70,000—100,000

此尊體量雖小，但卻形神畢肖地刻畫了人物的體貌和性格特徵，飽滿的額頭，髮際呈雙弧形，眉目含笑，兩眼呈蝌蚪狀，鼻頭寬厚，嘴角上揚，滿腮胡須。內着交領袈裟，外披大氅，雙手腹部作禪定印，雙足結金剛跏趺坐，衣緣鏨刻波浪形紋飾。工匠主要通過對髮際綫、眼角綫條以及嘴角和下巴的精道刻畫，生動地呈現了上師的面部特徵及其通達了悟的心境和性格特點，使觀者產生十分親切之感，是一件西藏上師造型中經典之作。

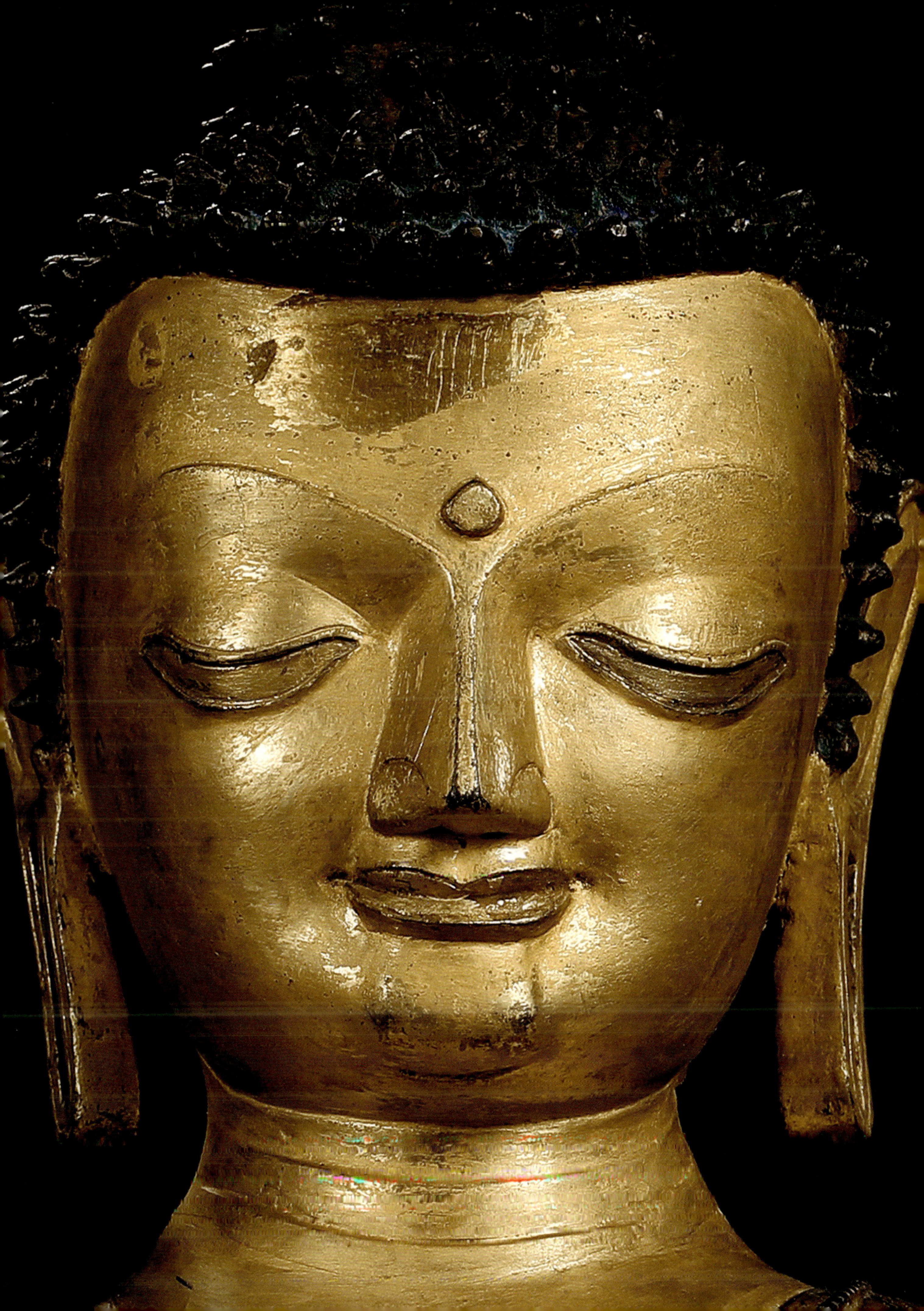

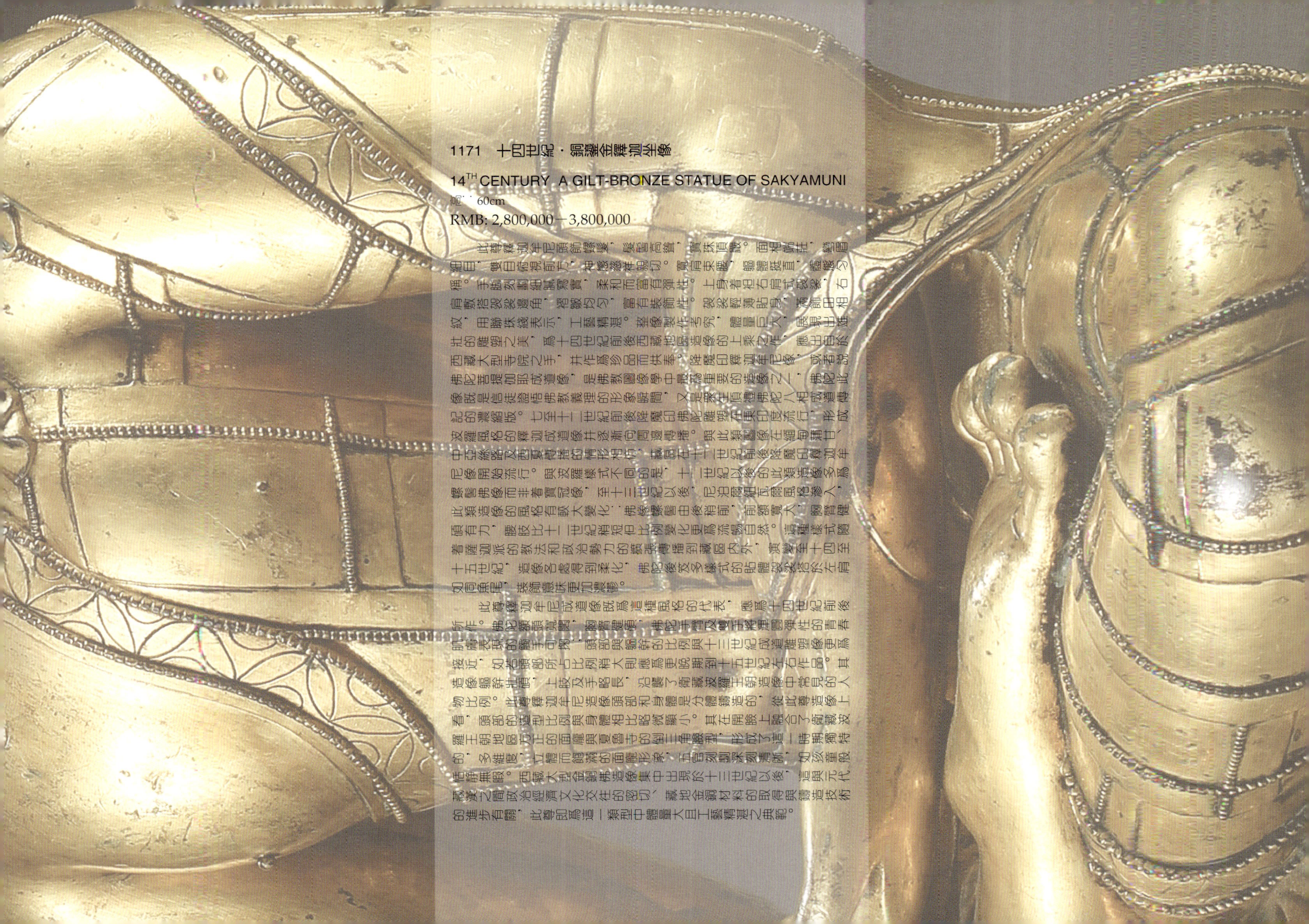

1171　十四世紀・銅鎏金釋迦坐像

14TH CENTURY A GILT-BRONZE STATUE OF SAKYAMUNI

高：60cm

RMB: 2,800,000—3,800,000

此尊釋迦牟尼頭飾螺髮，髮髻高聳，寶珠頂嚴。面相端莊，彎眉細目，雙目俯視前方，神態慈祥親切。寬肩束腰，軀體挺直，體態匀稱。手腳刻劃細膩寫實，柔和而富有彈性。上身着袒右肩式袈裟，右肩敷搭袈裟邊角，褶皺均匀，富有裝飾性。袈裟輕薄貼身，滿飾田相紋，用聯珠綫表示，工藝精湛。整像製作考究，體量巨大，展現出雄壯的雕塑之美，爲十四世紀前後西藏地區造像的上乘之作，應出自於西藏大型寺院之手，并作爲珍品而供奉。降魔印釋迦牟尼像，或者說佛陀菩提伽耶成道像，是佛教圖像學中最爲重要的造像之一，佛陀此像既是信徒證悟佛教義理的形象瞬間，又是衆生頂禮佛陀八相成道傳記的濃縮版。七至十二世紀前後降魔印佛陀雕塑在東印度流行，形成波羅風格的釋迦成道像并逐漸向周邊傳播。與此類圖像在緬甸蒲甘、中亞絲路及西夏傳播的情形相仿，藏區在十二世紀前後降魔印釋迦牟尼像開始流行。與波羅樣式不同的是，十二世紀以後的此類造像多爲螺髻佛像而非着寶冠像，至十三世紀以後，尼泊爾紐瓦爾風格滲入，此類造像的風格有較大變化：佛像螺髻由後稍前，前額寬大，胸膂健碩有力，腰肢比十二世紀稍短但比例變化更爲流暢自然。這種樣式隨着薩迦派的教法和政治勢力的擴張傳播到藏區內外，演變至十四至十五世紀，造像各處得到柔化，佛陀後來多樣式的貼體袈裟搭於左肩如同魚尾，裝飾意味更加濃鬱。

此尊釋迦牟尼成道像既爲這種風格的代表，應爲十四世紀前後所作。佛陀額頭寬闊，胸膂健碩，佛陀手臂及雙手將渾圓彈性的青春肌膚表現的觸手可捫，頭部與軀幹的比例與十三世紀成道雕塑像更爲接近，如若頭部所占比例稍大則應爲更晚期到十五世紀左右作品。其造像軀幹壯碩，上肢及手略長，沿襲了衛藏波羅王朝造像中常見的人物比例。此尊釋迦牟尼造像頭部和身體是分體鑄造的，從此尊造像上看，頭部的造型比例與身體相比略微顯小。其在開臉上融合了衛藏波羅王朝地區方正的面龐與夏魯寺的倒三角臉型，形成了這一時期獨特的，多維度，立體而飽滿的面龐形象，五官刻劃深刻清晰，如孩童般恬靜無暇。西藏大型金銅佛造像集中出現於十三世紀以後，這與元代藏漢之間政治經濟文化交往的密切，藏地金銅材料的取得與鑄造技術的進步有關，此尊即爲這一類型中體量大且工藝精湛之典範。

1172 唐·銅鎏金觀音菩薩立像

TANG DYNASTY A GILT-BRONZE STATUE OF AVALOKITESVARA

高：6.8cm

RMB: 20,000—30,000

1173 唐·銅鎏金金剛力士站像

TANG DYNASTY A GILT-BRONZE STATUE OF VAJRAPANI

Provenance: Private Japanese collection.

高：8cm

RMB: 60,000—75,000

此件金剛力士尺寸雖小，但造型充滿了憤怒威嚴的力量，飽滿賁張的肌肉與站姿的韵律感，均加强了造像整體的勇猛氣勢。這種金剛力士，應爲一對，是一鋪大型造像的脅持護法。參考著名的開皇四年銘董欽造銅鎏金阿彌陀佛像，高足方床上的阿彌陀佛，即有脅持二菩薩與二天王。參考紐約蘇富比2004年拍賣的一對唐代鎏金天王力士像，無論尺寸形製，均同出一轍。

來源：日本私人珍藏

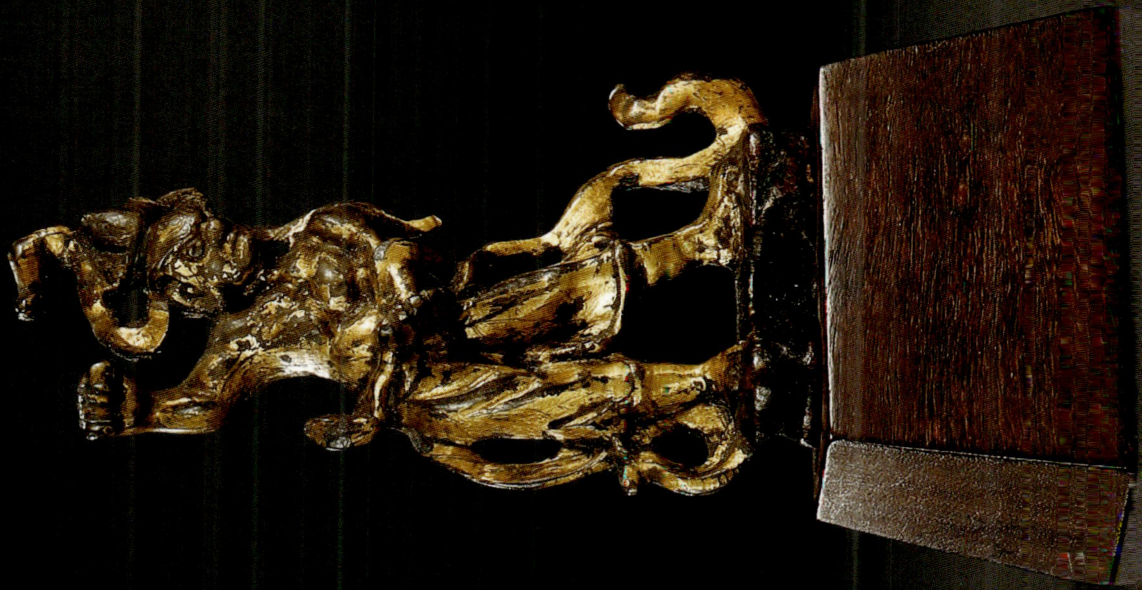

1174 元・銅鎏金獅子像

YUAN DYNASTY A GILT-BRONZE LION

高：6.6cm

RMB: 20,000—30,000

器物皮殼深沉光潤，呈站立姿態，四脚着地，具有行走中的動態感。獅子張口，圓眼，面目凶猛。獅子頭部鏨刻成蓬鬆的鬃毛紋理。身體部位綫條圓潤，但極具肌肉的力量感，脊背及腿部骨骼隱約若現，尾巴高揚竪立，怒目相視。此器鏨刻手法古拙，看似不重細節，但憑借工匠嫻熟的技藝，將獅子的造型塑造得生動到位，蘊藏着一股劍拔弩張的緊張對抗氛圍。整器有宋元時期風格，細節綫條妥當，比例協調，特別是獅子行走中的力量感，均體現得十分完美。

1175　唐・鑄銅鎏金老子坐像

TANG DYNASTY A GILT-BRONZE STATUE OF 'LAO ZI'

高：7.5cm

RMB: 50,000—60,000

1176 十一、十二世紀·鑄青銅鬼子母坐像（東北印度）

11TH-12TH CENTURY A BRONZE STATUE OF HARITI (NORTHEAST OF INDIA)

高：8cm

RMB: 40,000—55,000

1177　十五世紀·合金銅彌勒坐像

15TH CENTURY A COPPER ALLOY STATUE OF MAITREYA

高：17.5cm

RMB: 60,000－80,000

　　彌勒，意譯爲慈氏，是釋迦牟尼佛的繼任者，將在未來娑婆世界降生成佛，成爲娑婆世界的下一尊佛，即「未來佛」，在藏語中成爲『强巴佛』。在賢劫千佛中將是第五尊佛，常被尊稱爲當來下生彌勒尊佛或彌勒佛。彌勒菩薩降世的預言，在佛教各派別的經典中均有描述，故彌勒菩薩成爲佛教徒的被救度的寄托。彌勒是大乘佛教所説的『未來佛』之一，有菩薩和佛兩種身形。成佛後的彌勒着佛裝。此尊彌勒頭束髮髻，戴寶冠，五官清晰，雙眉與鼻脛相連，隆鼻大眼，眼型爲杏仁眼，眉間白毫突出，面相莊嚴祥和，飾碩大的耳珰，雙眼嵌銀，工藝精湛。雙手結説法印。全跏趺坐於仰覆蓮座之上。體態端莊，身姿挺拔。蓮座爲雙層，意味着甚深禪定和正知，造型優美，蓮瓣上下對稱，蓮座整體造型別致，工藝精美。

1178 十七世紀・銅鎏金空行母立像

17TH CENTURY A GILT-BRONZE STATUE OF SIMHAVAKTRA DAKINI

高：23cm

RMB: 180,000—200,000

那若卡居是古印度大成就者那若巴傳承的一位專屬空行母，與金剛亥母同體异相异名，在勝樂金剛教法中都是勝樂金剛的明妃，是藏傳佛教中最具智慧與力量的女性修行者，也是噶舉派、薩迦派及格魯派共修的女性本尊。此尊頭戴五骷髏冠，代表五佛五智。眉瞋目，齜露白牙，身形赤裸。佩飾瓔珞釧環，項挂五十人骷髏鬘，兩腿間放射形的連珠綫極富裝飾性。頭部高昂，左手捧嘎巴拉碗，作痛飲狀，碗中的血漿正在外流，右手執鉞刀，右展姿而立，雙脚有力地踩踏印度教神威羅瓦和黑夜女神，左肩臂原挾持一根骷髏杖，姿勢富於動感，體現了空行母的造型特徵。蓮座在鑄造上遵循了整體比例的協調統一，橢圓束腰式蓮臺，雕琢細膩精致，上部飾聯珠紋一周，下部爲規整飽滿的覆蓮瓣。

1179 十七世紀・合金銅雪堆白不動明王

17TH CENTURY A COPPER ALLOY AND SILVER-INLAID BRONZE STATUE OF ACALANATHA

高：16.1cm

RMB: 220,000—250,000

所謂不動明王，『不動』是指慈悲心堅固，無可撼動；『明』，爲智慧之光；『王』，是駕馭一切現象者。依密教三輪身的分別，不動明王爲一切諸佛的教令輪身，故又稱諸明王之王，是五大明王的本尊。此尊一面二臂，頭戴花冠，怒目圓睜，現忿怒相，表示驅魔斬鬼無往不前。胸腹袒露，佩戴瓔珞釧環。右手高舉着降魔寶劍，左手持索子，象徵着降伏、愛敬、鈎召等意思，右腿弓，左腿屈膝着地，弓姿於蓮臺上。整體造像動感十足，栩栩如生，面部及手脚刻劃細膩，允分展現了『雪堆白』工藝的力度與美的完美結合。佛經中説修持此尊法，可斷除煩惱所生的一切障礙，施一切欲求所願，順利修成佛果。

1180 清·銅鎏金寶生佛

QING DYNASTY A GILT-BRONZE STATUE OF RATNASAMBHAVA

高：17cm

RMB: 50,000—80,000

寶生佛又稱寶生如來，爲佛教五方佛中之南方佛。此尊寶生佛端坐於蓮臺之上，左手於臍前結禪定印，右手於右膝施與願印。造像螺髮排列規整，肉髻圓隆高凸，頂飾摩尼寶，表情靜謐莊嚴，大耳垂肩。身穿袒右肩式袈裟，衣薄貼體，顯示出飽滿健碩的軀體，衣褶以平行流暢的綫條表現，衣擺在兩腿間鋪展呈扇形。下承仰覆式蓮座，蓮瓣對稱工整排列，上緣飾連珠紋，下緣有多層臺階，凸顯佛像的尊貴地位，梯形的蓮座與像身整體呈三角形結構，給人沉穩大氣之感。造像以黄銅鑄造，胎體厚重敦實，整體造型端莊考究，爲乾隆造像中的精美之作。

底部刻有當時寶生佛所擺放的位置。「三十六右八」

1181 十八世紀・合金銅蓮花手觀音立像

18TH CENTURY A COPPER ALLOY STATUE OF AVALOKITESVARA

高：18cm

RMB: 50,000—80,000

此菩薩像以銅製而成，頭戴五葉高冠，耳挂大圓珰，長眉斜立，彎目閉合，神情莊嚴，佩戴瓔珞釧鐲，右手下垂掌心向外作予願印，左手齊胸舉起掌心向外，大拇指和食指相捻作撥濟衆生印。身側蓮花裝飾左右，左臂輕攬蓮莖。袒上身，細腰緊腹，下着及膝短褲，跣足立於束腰仰覆蓮高臺座之上。肩部略向左轉，頭微向右偏，整個身體成S形，爲藏傳佛教典型姿態。

1182　清中・紫金釉描金佛像

MID-QING DYNASTY　A GOLDEN-PAINTED BROWN-GLAZED STATUE OF BUDDHA

高：56cm

RMB: 180,000—200,000

有清一代，康雍乾三帝皆篤信藏傳佛教，尤以乾隆帝爲最，彼時皇宮苑囿中遍布大小佛堂，佛像爲必不可少的供奉聖物，窮盡用料考究與工藝精湛之能事，以突顯皇家氣派和至誠之心，惟多見金銅質地，瓷製佛像則較罕少。清宮的瓷製藏傳佛教藝術品，大多是出自御窑廠的工匠之手，這是內地爐火純青的製瓷工藝與邊疆奇幻瑰麗的藏傳佛教藝術的完美結合。瓷器本身多樣的裝飾技法和豐富的表現力，恰巧與藏傳佛教藝術的審美追求相吻合。能工巧匠通過他們的雙手將皇家的富貴氣韵注入玄奥神秘的佛教藝術品當中，以精湛的技藝呈現出新的精致與華麗。

本尊無量壽佛是爲乾隆御製瓷質佛像之精絶代表，唯獨乾隆一朝有之。造像頭帶五葉寶冠，批髮垂肩，寶繒飄拂於耳際，面相慈祥，細眉垂目，鼻高垂耳，嘴角內斂，神態安祥。身垂瓔珞，手帶臂環，結禪定印，手捧蓮花寶瓶，結跏趺坐於束腰仰覆蓮花座上，蓮瓣五色斑斕，不同於常見的粉紅色式樣。寬肩豐腰，身姿豐腴曼妙。施彩釉仿紅珊瑚、藍寶石諸色珍寶，生動逼真。腰部束裙，衣褶流暢，鋪於腿前。面部、身體、手脚施釉，釉色中微施彩使之接近膚色，光澤感强，傳達出佛家的濟世之善心。服飾華美絶倫，蘋果綠色的披帛繪明黄梅花點紋，鵝黄色的袍裙裝飾礬紅團寶相花吉祥紋樣，綫條勾勒細膩，描繪精致。無量壽佛手中寶瓶、蓮花座均分段燒造，蓮花座以榫卯結構與坐像接合，設計巧妙，工藝精湛絶倫。通體製作精細，彩釉亮麗，法相莊嚴，富貴奢華，具有典型乾隆宮廷佛像藝術風格，是稀有的粉彩描金佛像之傳世佳作。

清代皇室崇信藏傳佛教，其中尤以乾隆帝信仰最爲虔誠，皇宮內苑、各處行宫設有多處皇家寺院、佛堂，故對各式佛教造像有巨大的需求，除常見金銅造像外，還特命景德鎮御窑廠燒造了許多瓷質造像，如此件即爲一例。此件釋迦牟尼法相莊嚴，頭飾螺髮，雙手於胸前結説法印，全跏趺坐於蓮臺之上，面相豐潤和藹，栩栩如生，雙目低垂，寧静安詳。身披紅色袈裟，上描金繪飾蓮花，衣飾刻畫細膩入微，衣褶起伏飄逸，流暢舒展，極具藝術美感。蓮臺中間束腰，造型秀雅端莊，模印細致規整，立體感强烈，蓮瓣渲染自然，質感非常逼真，所施紅彩亮麗，金彩鮮艷奪目，諸色萃匯，熠熠生輝，是爲乾隆盛世典雅的清宮佛像造型。此種瓷質造像因成形復雜，燒造難成，其藝術價值和製作難度均在金銅佛像之上。佛像面部及衣褶細部處理非庸手可爲之，在模製成形後運用雕塑、駁接等技法最後完成，處處需要异常審慎，而燒造過程更難人爲控製，極容易變形疵裂。乾隆十三年唐英曾承命燒造觀音，久造無成，乾隆皇帝就斥責唐英『燒造的觀音如何還不得？』、『想是唐英不至誠，看他至‘誠’燒造。』（見乾隆十三年五月初一《清宮內務府造辦處活計檔》之《記事檔》）以唐英督領下御窑廠水平之高獨步有清一代，縱然如此尚有難爲之處，可想神仙塑像燒造之不易。出於對神靈的敬畏，此類雕塑神像多不具年款，有别於鎏金銅像落『大清乾隆年敬製』款者。

本品工藝精湛，衣飾華美，流傳至今，殊爲珍貴，同類之作存世罕見，見證了乾隆皇帝禮佛敬佛的精誠之心，是爲難得佳作。

1183　明・三彩八寶雙魚佛供

MING DYNASTY　A SANCAI RITUAL OBJECT

高：41.5cm

RMB: 50,000—60,000

明代三彩製品爲在未上釉的素胎上，施以綠、黄、茄紫三色燒成，始于明正德年間。西人嗜此，聲價極高，一件之值輒及萬金，以怪獸形製最爲奇特，人物次之，若花鳥價亦不貲也。三彩瓷器歷代少有燒造，其生産和存世量相對較少，市場罕見，世界各大博物館亦鮮有收藏。

此件佛供通體以黄綠彩裝飾。底部爲海水蓮花座，以黄彩點綴。蓮座上以綠彩繪卷草紋，草葉翻卷。主蓮座仰覆蓮造型顆粒飽滿，交錯分布，繁密有序。正中托金魚，造型生動。金魚代表佛陀的眼睛，常以一對金魚象徵解脱的境地，又象徵着復蘇、永生、再生等意，寓意吉祥。

而此件明代三彩佛供不論造型施色以及題材或尺寸，均極爲出衆。實爲一件存世量不多的明代遺珍，祥和之氣洋溢，是一件極爲罕見的明代宗教藝術精品，極爲難得。

1184 清·銅鎏金六臂大黑天

QING DYNASTY A GILT-BRONZE STATUE OF SIX-ARMED MAHAKALA

高：20cm

RMB: 150,000—180,000

大黑天又名嗎哈嘎啦，原來是古代印度的戰神，進入佛教後，很受密教的崇奉，是觀音菩薩化現的大護法，在護法中地位很高，同時也是密宗修法所依止的重要本尊。他有四種特性：戰神、廚房神、福德神、冢間神，從元代開始就受到以後歷代帝王的信奉。其形象多種，雙臂、四臂、多臂都有。此像展左站立，頭向左側傾斜，戴五骷髏冠，頂豎忿怒紅髮，髮中有一金剛杵隱現，面相凶忿。上身飾瓔珞，下身圍獸皮，脖子上挂五十人骷髏串，巨蟒盤於腰間。六手各執法器，由上至下，第一雙手，右手執鉞刀，左手捧充滿鮮血的嘎巴拉碗；第二雙手，右手執骷髏手串，左手執箭，同時兩手撐開一張象皮，披於身後；第三雙應爲右手執手鼓，左手持鈎索。脚踩象頭天神，最下方爲仰式蓮座，蓮瓣飽滿，鑄造技藝精湛，刻工細致到位，鎏金厚實，面部刻畫尤爲突出，其忿怒像使人視之不寒而栗，將主像之法力無邊展現得淋灕盡致，值得注意的是，主像肢體較同時期同類造像更爲粗壯有力，且尺寸20公分，此像應爲清代早期宮廷造像之精品，實爲難得。

1185 清中・銅馬頭金剛像

MID-QING DYNASTY A BRONZE STATUE OF HAYAGRIVA

高：35.5cm

RMB: 200,000—240,000

馬頭金剛（梵名Hayagriva）是觀音千千萬萬化身中之一種化相，是幫助修行者降魔除障的忿怒形相。他相貌凶惡，令人毛骨悚然。但他的忿怒形相，是爲了利益衆生而現的，其背後是對衆生之悲心，而并非忿怒或瞋恨心。馬頭金剛赤足弓步站姿立於蓮花座上，三頭六臂，每面各具三目。戴五骷髏冠，赤髮如焰。髮中的馬頭是其標識。體態飽滿，袒胸露腹，胸前飾有瓔珞，項挂人頭蔓，臂及踝處佩嵌有釧環，手脚刻劃寫實。六臂各執金鋼杵、喀章嘎、蛇、箭等法器（已佚失），足踏毒蛇，顯示出藏密本尊的威猛之相。單層覆式蓮座，蓮瓣扁平挺拔，排列規整，全身塗有彩色礦物染料。

1186 十八世紀・銅鎏金大紅司命主

18TH CENTURY A GILT-BRONZE STATUE OF SITABRAHMA

高：17cm

RMB: 100,000－120,000

大紅司命主，他原是蒙古人信奉的戰神。明朝晚期三世達賴喇嘛受邀赴漠南蒙古傳法，將其降伏，遂成爲佛教護法神，爲格魯派專門崇奉，并成爲達賴喇嘛的重要保護神，特別是在五世達賴喇嘛時期，一度成爲格魯派紅黑兩大護法之一的紅護法神，黑護法爲吉祥天母。歷史上在蒙古地區，其信仰極爲普遍，藝術形象也十分常見。

此像整體造型一如儀軌所載，圓滿具足，充分準確地表現了大紅司命主的宗教內涵和功用。此像造型舒展，形象威猛，做工講究，尤其是其軀體的站姿、帔帛的飄卷和咆哮的面部皆以誇張的手法予以表現，極富動感，表現了極高的造型能力和雕塑藝術水平。

1187 十六世紀・銅鎏金不空成就佛

16TH CENTURY A GILT-BRONZE STATUE OF DHYANI BUDDHA

高：18cm

RMB: 110,000—120,000

不空成就佛，梵名阿摩伽悉地，密號爲悉地金剛或成就金剛，爲羯磨部主尊。金剛界五智如來之第五，他能使一切衆生解除惑業煩惱，成就大願，從不落空，故稱不空成就佛。此件不空成就佛結全跏趺坐於蓮花寶座之上，右手施無畏印，左手結觸地印。頭飾螺髮，肉髻高聳，頂嚴飾有寶珠，兩耳垂肩。面相方圓端正，雙眉細長，眼瞼下垂，神態沉靜。軀體比例均稱，結構合理。上身着袒右肩式袈裟，衣紋采用了薩爾納特式的表現手法。束腰仰覆式蓮花座，束腰深隽，蓮花瓣排列規整，做工精細。此像以尼泊爾藝術爲藍本，融入西藏本土藝術元素，爲16世紀西藏佛像藝術的新典範。

1188 十三世紀・銅菩薩立像

13TH CENTURY A BRONZE PARA-STYLE STATUE

高：27.5cm

RMB: 180,000—200,000

蓮花手觀音最早出現在印度，手持蓮花是當時觀音的主要特徵，故蓮花成爲辨認觀音的重要標記之一。《理趣經》雲：觀自在菩薩手持蓮花，觀一切有情節身中如來藏性自性清净光明，一切惑染所不能染，由觀自在菩薩加持，得離垢清净，此尊蓮花手爲菩薩裝束，頭戴寶冠，高束髮髻，額寬頤豐，雙眉上挑，眼瞼尖長，佩飾耳珰、項鏈及臂釧。上軀袒露，左肩斜披珠鏈。貼體的薄裙，陰刻雙行邊際綫以表現衣物的層次，其間敲刻點點花卉圖案。臂間的飄帶亦自腰間自然垂落，紋褶富裝飾性也具寫實性。左手下垂施與願印，右手牽烏巴拉花莖，上繞至肩，綻開於耳際，雙足并立於仰覆蓮座上，身後頭光、身光一體相連，呈長窄的舟形，邊緣鏨刻火焰紋，最頂置寶塔。